KB212536

하늘 문이 열리다

박근수 장로 기도문

엘맨
ELMAN
하나님의 사람을 만들어 가는

하늘 문이 열리다

초판 1쇄   2018년 12월 23일

지은이   박 근 수
책임편집   박 래 숙
펴낸이   채 주 희

펴낸곳   엘맨출판사
주소   서울시 마포구 신수동 448-6
전화   02-323-4060, **팩스** 02-323-6416
등록번호   제10-1562호(1985. 10. 29)
e-mail   elman1985@hanmail.net
홈페이지   www.elman.kr

ISBN 978-89-5515-642-3 (03230)

값 14,500 원

하늘 문이 열리다

할렐루야!

영원하시고 존귀하신 하나님께 영광을 올려드립니다.

언제 27년이란 세월이 흘러갔는지, 장로 임직을 받고 섬김의 시간이 잠깐인 것 같았는데 되돌아보니 시무하는 동안 많은 성도님들의 사랑의 기도가 끈이 되어 여기까지 오게 된 것을 하나님과 사랑하는 모든 성도 분들께 감사를 드립니다.

미약하지만 대표기도를 하는 부담은 때로는 깜짝 놀랄 때도 한두 번이 아니었는데 그래도 기도가 끝이 나면 진정 하나님의 응답이 속히 이루어질까 때로는 의심 아닌 불신이 있지 않았나 생각이 듭니다.

이제 홀가분한 마음이 들기도 하지만 기도 준비를 하느라 양서를 2-3권 읽고 강단에 서게 되면 마음이 편안하였고 기도 중 분명히 회중에서 아멘의 화답이 크게 내 귀에 들려오곤 할 때면 '감사합니다. 주여! 더 잘 섬기고 사랑받고 싶습니다' 라고 고백할 때도 있었습니다.

이제 27년 동안 주님께 아뢰고 부르짖던 고백을 모아서 한 권의 책으로 만들었습니다. 섬김의 메아리를 여기에 담아 보관하여 성도들과 후손들이 장로로 또는 할아버지로 기억되는 창고의 역할을 하였으면 합니다. 여기까지 인도해 주신 임마누엘의 하나님 감사합니다.

오!

주여 속히 오시옵소서.

아멘!

2018. 12. 5

박근수 장로

차례

1. 나는 이렇게 기도를 준비합니다

1. 높고 높으신 하나님을 찬양합니다.

하나님의 존귀하심과 의심 없이 그가 계심을 인정하는 마음이 기도 시작의 첫머리입니다.

하나님은 시작과 끝이 없으시며 영원히 변함이 없으신 분이시기 때문에 또한 하나님의 권세는 무한하시며 흠이 없으시고 거룩하신 분이시기에 먼저 영광을 돌려 찬양해야 합니다.

주기도의 시작은 먼저 하나님을 높이고 주님의 성호를 찬양하는 것이 기도의 머리입니다.

천지 만물의 창조자이시며 만물의 통치자가 되시는 위대하신 분께 먼저 영광과 찬송을 올려드려야 할 것입니다. 시편을 참고로 하여 평소에 읽은 말씀을 은혜받은 데로 준비해 놓습니다.

(시편 18:1, 시편 23:1-3, 시편 29:11, 시편 51:15)

2. 진실한 마음으로 회개(고백)합니다.

거룩하신 하나님께 먼저 죄를 고백하고 겸손하게 회개기도를 드려야 마땅합니다. 근본적으로 부패하고 악한 생각과 선을 행하지 못한 허물을 고백하고 씻음을 받아야 됩니다. 육체의 정욕과 무질서하게 살아온 마음의 욕망을 부끄럽게 알고 또한 하나님의 백성으로 그 의무를 행하지 아니한 것을 숨김 없이 낱낱이 고백해야 합니다.

교만한 삶, 분냄과 탐욕과 세상에 대하여 사랑한 마음을 고백하고 회개해야 합니다. 교회, 기관, 나라가 잘못한 것을 내가 기도하지 않고 참여 하지 아니하여 일어난 범죄처럼 깊이 생각하고 기도합니다.

(열왕기하 20:2, 느헤미야 1:6, 욥기 22:27, 예레미야 29:12)

3. 깊은 감사를 드립니다.

지나온 나날을 돌아보면 모든 일들 속에 하나님이 늘 함께하셨음을 알고 복 주신 주님께 감사 기도를 해야 합니다.

감사가 감사를 낳는다는 말이 있는데 본질적으로 선하시고 꾸짖지 아니하시고 거저 주신 것에 대하여 감사를 해야 합니다.

각종 문제가 많고 악한 세력이 엄습해오는 사악한 삶에서 타락하지 않게 지켜주신 주님께 선하신 주께 구원의 은혜를 인하여 감사를 해야 될 것입니다.

십자가의 승리로 우리도 구원함을 받았으며 흘리신 보혈로 죄 씻음 받았음을 감사해야 될 것입니다. 우리 교회, 목사님, 기관, 성도들의 받은 사랑과 은혜를 내가 받은 은혜로 알고 깊고 진실함으로 감사를 드립니다.

(역대상 16:34, 시편 147:11, 출애굽기 3:14, 히브리서 13:15, 시편 50:3)

4. 간절함으로 깊이 기도합니다.

꾸짖지 아니하시고 후히 주시는 하나님께 부르짖어 믿음으로 간구하므로 주께서 주실 줄 믿고 간구해야 할 것입니다.

주님의 영광을 위하여 구해야 합니다. 내 정욕, 내 욕심을 내려놓고 구하십시오.

하나님의 나라를 위하여 대표기도는 성도들의 마음을 담아 드리는 기도이기 때문에 온 정성과 뜻을 다해 간구해야 됩니다. 우리 교회의 필요, 목사님의 필요, 지역 사회의 필요, 나라와 민족의 필요를 깊이 생각하고 간절하게 기도합니다. 그렇게 준비하고 기도하면 성도들도 간절함으로 아멘 하며 깊은 믿음에 이르게 됨을 체험케 됩니다.

(창세기 25:21, 야고보 5:6, 요나 2:2, 베드로후서 1:4, 누가복음 1:38)

5. 마무리 기도도 하나님을 찬양하며 믿음으로 맺습니다.

부활절기 때에는 '부활하시고 다시 오실' 또는 추수감사 절기에는 '하늘의 비와 햇빛을 주셔서 풍성한 열매를 주심' 이런 끝맺음이 좋을 것입니다. 마지막 끝맺음에는 '예수님 이름으로 기도합니다' 로 함이 좋겠습니다. '기도드렸습니다.', '기도하였습니다' 로 하는 것은 주님 가르쳐 주신 기도와는 거리가 있는 것 같습니다. 그리고 평소에 은혜 받은 좋은 문구를 적어 두고 성경을 읽으며 좋은 문구를 적어 뒀다가 인용하기도 합니다.

(히브리서 13: 20-23, 사도행전 17:1, 에베소서 3:20, 로마서 8:34,

마태복음 17:5)

6. 신앙적으로 잘못된 용어나 사전적으로 잘못된 용어를 쓰지 않도록 노력합니다.

예를 들어서 축복보다는 복으로 표현함이 좋고 '기도드렸습니다' 보다는 '기도합니다' 가 좋을 것입니다.

기도를 시작할 때 주님보다는 하나님 혹은 하나님 아버지가 좋을 것입니다. 기도하면서 예배 시각을 알리는 듯한 표현은 좋지 않을 것입니다. 즉 예배 시작이오니 또는 예배를 시작합니다 등은 좋지 않은 표현이라 생각합니다.

기도 중에 하나님께는 극존칭어를 씀이 마땅하지만 사람에게 존칭어를 쓰는 것은 자제해야 할 부분이라 생각합니다.

목사님을 위하여 기도할 때 '종님' 이나 '종' 이나를 쓰는 것보다는 그냥 목사님으로 표현함이 가장 좋다고 생각합니다. 당회장도 좋은 표현이 못됩니다. 목사님은 교회 전체의 목사님이지 당회만을 위한 목사님이 아니고 예배 시간에는 당회를 위해서가 아니라 하나님께 하는 예배이며 온 교회의 예배이기 때문입니다.

이 외에도 잘못된 용어나 표현이 있을까봐 늘 조심하고 신중을 기하여 기도를 준비하였습니다. 그럼에도 불구하고 하나님께 수많은 불충스런 일들이 있었으리라 생각하니 부끄럽고 죄송한 마음 금할 길이 없습니다. 또한 끝까지 함께 해주고 사랑으로 받아주고 용납하여준 성도들에게 한없이 송구스럽고 감사함을 이루 다 표현할 길이 없습니다.

2

기도문

독생자 예수 그리스도를 십자가에 못박히기까지 사랑하시는 하나님!

허물과 죄로 죽었던 우리를 하나님의 친백성 삼아주셔서 날마다 매 순간마다 소망 중에 자유를 누리며 살게 하신 하나님의 크신 은혜와 사랑을 진정으로 감사와 찬송과 영광을 올려드립니다.

지난 한 주간도 삶의 염려와 사탄이 주는 유혹인 타락의 문화, 탐욕의 문화, 영원하지 못한 것에 얽매여 지내온 흔적이 있다면 거룩하신 하나님의 임재 앞에 훤히 들어나게 하셔서 확실한 회개와 돌아섬이 있게 해 주시옵소서.

하나님 아버지! 우리 교회에서 처음으로 주를 영접하신 모든 이들이 요람에서 떠나 믿음이 장성한 데까지 이르게 하시고 세상 풍속과 즐거움에서 떠나 충성된 하나님의 백성으로 소망 중에 기쁨을 누리며 영원한 본향을 늘 사모하며 믿음을 잘 지키게 도와주시옵소서.

병상에 있는 이들을 주님의 보혈로 씻어 깨끗함을 얻게 하시고, 여러 가지 어려운 형편과 처지에 있는 이들의 부르짖고 간구하는 기도를 속히 들어주심으로 하나님을 경험하며 하나님을 만나는 놀라운 은혜를 주실 줄 믿습니다.

특별히 연로하신 이들에게 늘 청년 같은 믿음과 건강을 주시옵소서.

그 수가 다하는 날까지 병상에 눕는 일 없게 하시고 하나님의 능력의 장중에 붙잡힌바 되어 믿음으로 승리하는 복을 받아 누리게 하옵소서.

우리 교회에서 자라는 태아로부터 청년에 이르기까지 준비하는 자들, 정복하는 자들, 지키는 리더가 되어 다니엘처럼 3대에 걸쳐 왕을 섬김같이 열방과 민족을 위해 요소 요소에서 크게 쓰임 받는 인물들이 다 되게 하시고 하나님의 영토를 차지할 뿐 아니라 후일에 큰 민족을 이루는 복의 근원들이 되기를 간절히 기도를 드립니다.

이 나라 대통령과 위정자들에게 은혜를 베풀어 주시옵소서. 권력과 부와 자기 자신을 위해 관심이 있는 자들이 되지 않게 하시고 하나님을 신뢰하는 믿음을 주심으로 이 나라 이 민족을 위해 헌신하는 자들이 다 되게 해 주시옵소서.

세계 여러 나라에서 복음을 전하는 선교사들의 안전과 건강을 지켜 주시고 사역지마다 진리의 복음이 날마다 그 땅을 차지하는 풍성한 은혜를 내려 주옵소서.

북한 땅을 불쌍히 여겨 주옵소서. 하루 속히 악의 세력이 무너지고 복음으로 자유가 회복되어서 헐벗고 굶주린 백성들이 평화 가운데 신앙의 자유를 얻게 되기를 간절히 기도드립니다.

이 시간 우리 목사님, 능력의 장중에 붙들어 주시옵소서. 준비된 말씀 선포하실 때에 하나님의 영이 크게 역사하시어 구원의 기쁨을 얻으며 꿈을 꾸며, 환상을 보며, 과거를 떠나 영원을 볼 수 있는 믿음을 얻게 될 줄 믿습니다.

이 모든 감사와 간구를 우리를 구원하시고 다시 오실 우리 구주 예수님의 이름으로 간절히 기도합니다. 아멘.

영광 중에 계셔서 찬송과 경배를 받으시기에 합당하신 하나님의 성호를 찬양합니다.

환난이 많고 이 모양 저 모양으로 어려운 환경과 여건 속에서도 그리스도 예수 안에서 복된 삶을 허락하신 은혜와 사랑을 감사드립니다.

하나님이여! 순간순간 긴박한 삶 속에서 나의 중심적인 생각에 갇혀 있던 죄의 껍질을 깨고, 온갖 추하고 어긋난 생각을 이 시간 깨끗하게 하시고 넉넉한 여유와 은혜를 이 회중에 풍성하게 하셔서 하나님의 세미한 음성을 들을 수 있는 예배가 되게 인도하여 주시옵소서.

한 주간도 나의 생각과 감정과 판단을 다 버리고 하나님의 말씀대로 사노라 하면서도 아직 죄에 결박된 흔적들이 많습니다. 성령으로 변화되게 하셔서 하나님과 원수된 자리에서 떠날 수 있는 힘을 주시옵소서.

무더운 여름날의 뜨거운 태양빛처럼 주님을 뜨겁게 사모하게 하시고 더위 속에 쏟아지는 한 줄기 소나기처럼 해묵은 죄의 요소들이 씻겨 나갈 수 있기를 간절히 원합니다.

하나님 아버지, 세상이 주는 인정과 칭찬과 상급이 아무리 좋아보여도 하나님이 주시는 것과 비교할 수 없습니다. 이 시간 육신의 무거운 짐을 벗겨주시고 불신앙과 좌절 가운데 있는 심령에 단 잔보다 오히려 쓴 잔 속에 더 많은 복과 의미가 있다는 것을 깨닫게 하시고, 어려운 일들 속에서도 하나님께서 나의 삶에 간섭하셨다는 아름다운 신앙의 고백이 풍성하게 하옵소서.

하나님의 여름 행사를 위하여 불철주야 기도하며 여러 가지 준비를 하는 중에 있습니다. 매년 반복되는 행사로 끝나지 않게 하시고 많은 열매를 풍성하게 맺어 새로운 도전과 각오를 다짐하는 기회가 되도록 도와주시옵소서.

이 시간 계시된 말씀을 선포하실 목사님께 성령께서 갑절의 영감을 주셔서 능력의 말씀이 선포되게 하시고 말씀을 통해서 우리가 누려야 할 복과 권리와 행함을 발견할 수 있는 시간이 되게 하옵소서.

이 모든 감사와 간구를 우리를 구원하시고 다시 오실 우리 구주 예수님의 이름으로 간절히 기도합니다. 아멘.

나의 기쁨, 나의 소망, 나의 참 생명이 되시는 좋으신 하나님 아버지! 저희들을 더 이상 죄 아래 있지 않게 하시고 그리스도 예수 안에서 복된 삶을 허락하셔서 소망 중에 살게 하신 은혜를 감사드립니다. 한 순간의 긴박한 삶 속에서 온갖 추하고 어긋난 생각을 이 시간 깨끗하게 하시고 넉넉한 여유와 은혜를 이 회중에 풍성하게 하셔서, 하나님과 행복한 대화를 나누며 하나님의 세미한 음성을 들을 수 있는 예배가 되게 인도하여 주시옵소서.

주님을 본받아 사노라 하면서도 아직 죄에 결박된 흔적들이 많습니다. 성령으로 우리의 삶이 변화되게 하셔서 좋은 열매를 맺는 풍성한 삶을 살게 하옵소서. 주님의 속죄의 고난을 깊이 생각하는 사순절 기간에 저희 모두가 죄를 깊이 통회하고, 죄 의식이 심령 깊숙이 파고 들 때마다 우리를 위하여 속죄의 길을 걸어가신 주님의 십자가의 사랑이 얼마나 놀라운 사랑인지 깨달아 알게 하옵소서. 교회의 뜰을 밟는 자마다 주님을 더 많이 닮고 싶은 소원이 따뜻한 3월의 계절처럼 우리의 가슴에 싹트게 하옵소서.

하나님이여! 이 시간 육신의 무거운 짐을 지고 주님 앞에 나온 우리의 마음속에 성령님이 역사하셔서 고난 속에 더 많은 복과 의미가 있다는 것을 알게 하시고 어려운 일들 속에서 주님을 인정하며, 하나님의 말씀이 우리의 삶을 주도해 나가도록 인도하여 주시옵소서. 사랑을 잃어버린 우리의 강퍅한 심령에 온유하고 겸손하여 섬기는 사랑을 주시고, 몸이 불편하고 외로운 이들에게 친히 위로의 벗이 되어 주시고, 이 모양 저 모양으로 질병으로 고생하는 이들에게 능력의 손길로 함께 하셔서 치유되는 역사가 이 시간 일어나게 하옵소서.

하나님이여! 조지 뮬러는 5만 번이나 기도의 응답을 받았는데 우리도 열심히 기도하여 우리의 기도가 하나님의 보좌를 움직이는 놀라운 일들이 일어나는 것을 체험하도록 도와주시옵소서.

사탄은 무릎이 약한 성도들을 보며 기뻐 어쩔 줄을 모른다고 하는데, 섬기도록 부름 받은 우리 모두가 안일한 그리스도인들처럼 살지 않고 우리의 삶의 초점이 거룩한 헌신으로 기도의 능력을 받아 하늘 문을 열고 닫을 수 있는 특별한 사람들로 만들어 주셔서 우리 교회 주위에 사탄의 무리를 능히 이기게 하시고 교회가 십자가의 깃발을 높이 들고 날마다 믿음의 선한 싸움을 잘 싸워가도록 도와주시옵소서.

이 모든 감사와 간구를 우리를 구원하시고 다시 오실 우리 구주 예수님의 이름으로 간절히 기도합니다. 아멘.

주님의 보혈로 우리를 속량해 주시고 구속함을 받은 성도들이 한 자리에 모여 하나님의 성호를 찬송합니다. 이곳에 함께하셔서 우리가 드리는 예배와 예물을 기쁘게 받아주시고, 하나님께는 영광이 되며 우리에게는 큰 은혜의 시간이 되게 도와주시옵소서.

사랑의 하나님! 지난 한 해도 하나님의 은혜로 우리가 행복하게 살 수 있었고 때로는 풍파와 위험과 슬픔이 있었습니다. 금년에는 이 세상 방식을 떠나 하나님의 마음에 맞게 살아서 행복이 개인과 가정과 교회에 풍성해지도록 우리 모두를 인도하여 주시옵소서.

하나님! 우리는 모습이 다르고 교육 정도나 생활 방식이나 처해 있는 신분이 각각 다르지 않습니까. 우리 성도들 중에 여러 가지로 어려운 환경에 처해 있고, 또한 질병으로 고생하며, 경제적으로도 어려운 상황을 다 말 못 하는 고통이 있습니다. 우리가 믿고 구하는 것보다 훨씬 많은 것을 허락하신 주님, 개인의 소원과 우리의 중보기도를 낱낱이 아시오니 하늘 문을 여시고 들어 응답하여 주시옵소서.

특별히 이 시간에 친히 강림하셔서 우리의 마음의 등불을 밝혀 하나님의 사랑을 발견할 수 있게 하시고, 예배와 말씀과 찬송과 기도 중에 성령의 음성을 듣고 마음이 뜨거워지게 하옵소서. 소원이 있다면 이 예배 중에 하나님의 마음을 움직일 수 있게 해 주셔서 놀라운 성령의 역사를 체험하는 큰 은혜의 시간이 되게 도와주시옵소서.

새 천년을 우리 시대에 주신 주님, 우리에게 이 귀한 시대를 맡겨 주셨사오니 큰 일을 할 수 없다 할지라도 작은 일들에 큰 믿음으로 할 수 있게 하옵시고, 믿지 않는 내 가족과 내 이웃이 나를 통해서 하나님을 만나게 하시고 내 눈에 변함없는 기쁨을 발견하여 저들도 나를 인하여 주님께로 돌아와 주를 영접할 수 있게 해 주시옵소서.

무엇보다 마음과 눈과 혀와 귀의 침묵을 주셔서 말을 아끼고 남을 칭찬하고 나보다 남을 낮게 여기고, 존경하며 위로하는 우리 교회의 풍토가 회복되게 하시고, 하나님과 깊이 연결되어 있어, 우리의 마음을 괴롭히는 어떤 것들도 마음에 들여놓지 않게 하시고, 우리의 내면을 충만하게 해 주셔서 입으로 마음으로 진실을 말하게 하옵소서.

이 모든 감사와 간구를 우리를 구원하시고 다시 오실 우리 구주 예수님의 이름으로 간절히 기도합니다. 아멘.

죄로 말미암아 영원히 죽었던 우리를 사랑하사 사망에서 생명으로 인도하여 자유하게 하시고 오늘도 칠 일의 첫날을 하나님 앞에 드려 예배할 수 있도록 인도하신 좋으신 하나님의 은혜와 사랑을 감사합니다. 하나님은 아브라함에게 가나안 땅보다 더 영원한 땅을 그에게 주셔서 오늘 우리는 천국을 아브라함의 품이라고 부르고 있지 않습니까? 말로는 시인하고, 말로는 쉽게 하는데 우리가 얼마나 실제로 하나님을 인정하였는지 이 시간 조용히 고개 숙일 때에 부끄러울 뿐입니다.

하나님의 말씀에 불순종해서 애굽으로 내려간 아브라함을 애굽까지 따라가셔서 지켜 주신 하나님, 육일 동안 우리의 삶 속에서도 늘 지켜 주신 것을 확실히 믿습니다. 이 하루를 온전히 하나님 앞에 바쳐 순종의 제물이 되게 하셔서 비록 어려움 중에서 이 제단에 올라오신 분과 처음으로 주를 시인하고 믿고 따르기로 약속하신 분과 지금까지 주님의 제자로 하나님으로 부르지 않고 선생님으로 부르던 우리를 찾아오셔서 어두운 심령을 밝게 하셔서, 죄인임을 고백하고, 찬송 중에, 기도 중에, 말씀 중에 인자하신 주님을 만나는 시간이 되게 하옵소서.

세상 사람들이 이 날을 즐기는 날로 생각하고 놀기에 분주하지만 우리의 생애에는 이 날이 즐거운 날이 되어 기쁘게 봉사하고 섬기는 일에 분주하게 하옵소서. 십자가 없이는 면류관도 없다고 하였는데, 이미 구원받았으니 부끄러운 구원보다도 생명의 면류관, 의의 면류관을 받는 우리 모두가 되게 하옵소서.

하나님이여, 우리의 바람은 예수 잘 믿고 천국가는 것보다 더 복된 것은 없지 않습니까. 그러나 세상 사는 동안에 건강하게 하시고, 물질의 풍요로움도 주셔서 구제하고 남음이 있게 하시고, 나를 통해서 세상 사람들이 과연 예수 믿고 복 받게 된 것이 무엇인지 보여주는 일들만 풍성하게 하옵소서.

특별히 이번 설날에는 마귀를 섬기는 가족 때문에 시험에 들지 않게 하시고, 제사를 위하여 만든 음식에도 참여하지 않게 하시고 담대하게 주를 시인하여 하나님 앞에 부끄럽지 않게 설을 보낼 수 있도록 도와 주시옵소서. 먼 거리를 다녀오는 모든 사람을 간섭하셔서 안전하게 다녀올 수 있도록 인도하여 주시기를 바랍니다.

이 시간 이곳에 올라올 때에 우리가 소원하고 기도한 모든 것이 하나님의 마음에 합당하게 하셔서 다 이루어지게 하시고 돌아갈 때는 기쁨과 소망으로 가득 찬 가벼운 발걸음이 되게 하옵소서.

이 모든 감사와 간구를 우리를 구원하시고 다시 오실 우리 구주 예수님의 이름으로 간절히 기도합니다. 아멘.

영광 중에 계셔서 영원토록 찬송과 경배를 받으시기에 합당하신 하나님의 성호를 찬양합니다.

한해를 돌이켜보면 이 긴 시간들 속에서 주님과의 사귐과 만남이 적었지만 좋으신 하나님은 때마다 일마다 아니 1초라도 버리지 아니하시고 우리의 삶에 깊이 개입하셔서 지켜 주시고 때를 따라 도와주신 은혜와 사랑을 감사드립니다.

하나님이여! 이 성회에 임재하셔서 하나님과 대면할 수 있는 고독이 보장된 처소에서 하나님과 나만이 알고 있는 깨어진 관계가 회복되어지게 하옵시고, 날마다 감사와 찬송과 소망이 넘치는 한 해가 우리 모두에게 주어지게 하옵소서.

주님, 지금까지 내가 누리면서 살아온 이 세상의 방식을 떠나 하나님의 마음에 맞는 새로운 각오와 결단을 주셔서 또 한 해를 보내는 연말에는 먼저 하나님 앞에 부끄럽지 않게 하시고 모든 성도들에게도 덕을 세우는 좋은 일들이 풍성해지게 하옵소서. 한 해를 돌이켜 보면 방황하고 부정하고 대적했을 때도 하나님은 우리를 사랑해 주셨고 우리를 어려운 위기에서 지켜 주셨습니다.

하나님, 신년에는 교만과 완강한 고집과 이 세상 의지하는 것을 꺾고 겸손하고 진실하게 하시고 날마다 감격의 눈물을 주시고 불꽃처럼 뜨거운 가슴을 주셔서 다시 오실 주님 앞에 부끄러움 없이 담대하게 설 수 있는 우리의 삶이 되도록 인도하여 주시옵소서.

한 해 동안 어려운 경제로 인하여 많은 고통과 어려움이 우리의 가정과 개인에게 이 모양 저 모양으로 피곤하고 힘들어 지치게 만들었습니다.

하나님이여! 약속의 땅 가나안에도 기근이 왔듯이 하나님의 백성이 된 우리에게도 생존을 위태롭게 하는 어려움은 시시때때로 찾아옵니다. 아버지, 지금보다 훨씬 궁핍할 때도 우리는 잘 견디어 오지 않았습니까. 삶이 고단한 때이지만 부활의 공동체를 소중히 여기며 사랑하며 위로하며 또 한 해를 승리하는 저희들 다 되게 하옵소서.

이 모든 감사와 간구를 우리를 구원하시고 다시 오실 우리 구주 예수님의 이름으로 간절히 기도합니다. 아멘.

영광의 보좌에서 경배와 찬양을 받으시기에 합당하신 하나님의 성호를 찬양합니다. 오늘도 말씀의 시내산에 올라와 거룩한 헌신을 맹세하고, 이 성회에 임재하셔서 영광과 찬송과 경배를 받아주시옵소서. 하나님, 이사야가 하나님의 성전에서 하나님의 임재를 체험했을 때, "화로다 나여 망하게 되었도다 나는 입술이 부정한 사람이요 입술이 부정한 백성 중에 거하면서 만군의 여호와이신 왕을 뵈었음이로다" 하였습니다. 그는 하나님의 임재를 보는 순간 자신의 죄를 보고 울부짖었습니다. 이 시간을 통해서 나의 허물과 죄가 드러나게 하시고 하나님과 나 사이에 가리워진 죄의 높은 담이 허물어지게 하옵소서.

하나님이여, 가족도 친구도 자신을 버렸고 외롭고 고달픈 인생길을 살아오던 한 여인이 그리스도 예수와 인격적인 만남을 통해 하나님의 놀라운 사랑을 알게 되었고, 꿈처럼 여겨온 귀한 향유를 주님 발에 부은 것은 사랑의 대상이 물질이 아닌 주님이기 때문이라 생각됩니다.

세상에 많은 사람들 중에 우리는 귀한 향유를 부은 여인처럼, 우리의 대상은 주님이요, 기쁨도 소망도 주님이십니다. 하나님이여, 이 예배를 통해서 우리가 얼마다 지독한 죄인들인지 깨닫게 하시고 다시 한번 주님의 보배로운 피로 우리의 불결한 몸과 마음을 씻는 예배가 되게 하옵소서.

하나님이여, 국제금융구제를 받고 있는 현실 속에 직장과 일터와 기업에 어려움이 오고 있습니다. 마게도냐교회 교인들은 비록 피를 말리는 고난과 마음을 오그라들게 하는 커다란 환란을 쉴 새 없이 당하며 몸부림쳤지만 그들에게는 하나님으로 말미암아 넘치는 신앙의 기쁨이 있어 잘 먹고 잘사는 고린도교회보다 더 풍성한 섬김과 분에 넘치도록 주를 섬기는 삶의 모습이 어려운 이 시대를 살아가는 우리에게 주는 교훈과 힘이 되게 하옵소서. 들풀을 입히시고 공중 나는 새를 먹이시는 하나님의 사랑이 우리의 삶에 깊이 개입하셔서 피할 수 없는 하나님의 사랑을 이 예배시간을 통하여 우리의 삶 속에서 경험할 수 있도록 도와주시옵소서.

하나님이여, 육신을 가진 우리는 추우면 따뜻한 곳에 눕고 싶고, 배고프면 먹고 싶고, 고통스런 시간보다는 유쾌하고 즐거운 시간이 좋습니다. 그러나 교회의 사명은 죄인들을 기분 좋게 만들어 주는 것이 아니라 인본주의를 신본주의로 회심하는 것이라 믿습니다. 우리 교회가 이 시대의 죄의 도피성이 되며 하나님의 백성을 키워내는 생명의 샘이 되게 하옵소서.

하나님이여, 병상에 있는 모든 성도들을 위로하여 주옵소서. 내게 닥쳐오는 모든 일들과 환경이 어떤 모양에서든지 유익이 되며 복이 될 수 있는 감사의 조건으로 알고 믿음을 굳게 지키며 인내하여 속히 회복의 은혜를 받게 하옵소서.

이 모든 감사와 간구를 우리를 구원하시고 다시 오실 우리 구주 예수님의 이름으로 간절히 기도합니다. 아멘.

영광의 보좌에서 영원토록 경배와 찬송을 받으시기에 합당하신 하나님의 성호를 찬양합니다. 97년도가 시작된 지도 엊그제 같은데 또 한해가 지나갔습니다. 이 긴 시간들 속에서 우리는 주님과의 사귐과 만남이 적었지만 좋으신 하나님은 1초라도 버리지 아니하시고 때마다 일마다 함께하신 은혜와 사랑을 감사드립니다.

하나님이여! 이 성회에 임재하셔서 하나님과 나만이 알고 있는 깨어진 관계가 회복되게 하시고 하나님과 대면할 수 있는 고독이 보장된 처소에서 불신앙으로 얼룩진 영혼이 영적 치유함을 받고, 이전에 알지 못하고 깨닫지 못한 새로운 은혜를 받게 하옵소서. 정말, 예수 믿는 것이 최대의 행복이요, 남들이 누리지 못하는 큰 복을 누리고 살고 있음을 알고 냉랭했던 가슴에 감격의 눈물이 흐르며 기쁨과 소망이 충만한 시간이 되게 하옵소서.

한 해를 돌이켜 볼 때 많은 사람들이 명예와 부귀와 권세와 영화를 사랑하다가 그 좋은 이름이 짓밟히고 부끄러운 일을 당하는 모습을 많이 보았습니다. 이런 일들을 보고도 놀라지도 않는 현실 속에 우리는 너무 세속화되어 세상에 희석되어지지 않았는지 정말 하나님 앞에서 부끄럽기 한량없습니다. 하나님 말씀에 불의의 삶을 사랑하다가 자기의 불법을 인하여 선지자의 미친 것을 금지하였다고 하였는데 악한 시대를 탓하고 지도자를 원망하고 남의 탓으로 돌리는 우리의 모습이 짐승보다 못한 것이 아닌지, 이 나라에 1,200만 성도가 하나님 앞에서 말씀 가운데 바로 서 있다면 이 나라는 지금 같은 어려운 경제 난국을 당하지 않았으리라 생각됩니다.

하나님이여! 이스라엘 백성들이 타락하고 죄를 범할 때에 지도자 모세는 생명책에 기록된 자기의 이름을 걸고 내 백성을 구원해 달라고 기도했는데, 하나님의 백성된 우리가 모세처럼 하지는 못할지라도 야고보처럼 무릎이 낙타무릎처럼 되도록 기도하는 모습으로 변하여지게 하셔서 이 민족이 하나님의 이름 앞에 은총을 받고 하나님을 두려워하는 바른 지도자, 정치·경제·문화·사회·종교·교육에 이르기까지 회복의 시간이 속히 올 수 있도록 도와주시옵소서.

하나님이여! 60년대 못 먹고, 못 살 때는 정말 주일이 기다려지고 성도의 교제와 사랑의 나눔이 조건 없이 모두를 내어놓고 화목했는데, 잘 먹고 잘 살고 풍성해진 오늘날은 하나님보다 내 자신을 너무 사랑하는 이기적인 모습만 보이고 있습니다. 주여! 이번 기회를 통해서 먼저 교회가 어두운 역사에서 자신의 삶을 던지고 모든 삶의 구심점이 그 거룩한 주님 앞에 고정되어지게 하시옵고 응답하시는 성령의 음성을 듣는 간절한 기도의 승리자가 이 땅에, 이 울산에, 우리 교회 안에 충만하게 하옵소서.

이 모든 감사와 간구를 우리를 구원하시고 다시 오실 우리 구주 예수님의 이름으로 간절히 기도합니다. 아멘.

하나님이여! 반세기 전에 이 땅에 6·25전쟁으로 말미암아 2천 20여 하나님의 교회가 무너졌고 신앙의 선조들도 530명이 납치와 형장의 이슬로 사라져갔습니다. 그때 작은 불씨가 오늘의 1,200만 성도와 4만 5천 교회가 잿더미 위에서 다시 일어나게 하신 하나님의 은혜를 감사드립니다.

하나님이여! 그러나 백성들은 악하며 지도자는 이 땅에 60만의 무당의 판 굿을 하게 하고 심지어는 이 모양 저 모양으로 기독교를 탄압하는 모습을 우리는 안타까워만 하고 있습니다. 아합 왕 시대에 이세벨이 여호와의 선지자들을 대면할 때에 궁내 대신 오바댜는 하나님의 선지자 일백 인을 50명씩 굴에 숨겨 죽음을 면하게 하였는데 오바댜의 궁내 대신을 하게 하신 하나님께서 이때를 위함이 아닌지요.

오늘의 이 국난은 하나님의 백성들에게 이때를 위하여 주신 영적 각성의 기회인 줄 알고 회개의 목소리가 이 땅에 불꽃같이 일어나는 은혜를 주시옵소서. 병든 자를 고치시고 소경된 우리의 눈을 밝게 하셔서 죄로 어두워진 심령이 영안을 뜨게 하시고, 귀를 열어 주님의 세미한 음성을 듣게 하옵소서.

이 시간 말씀을 선포하실 목사님, 능력의 장중에 굳게 붙들어 주셔

서 하나님의 말씀만 외치게 하시고 영육 간에 강건하게 하셔서 교단
적으로 필요한 때에 부름 받아 더 큰일을 감당할 수 있도록 인도하여
주시옵소서. 이 모든 감사와 간구를 우리를 죄에서 구원하신 예수님의
이름으로 기도합니다. 아멘.

구원받은 백성들이 함께 모여 찬미하며 은혜의 동산에서 하루를 보낼 수 있도록 엿새 동안을 지켜주신 하나님을 찬송합니다.

영국의 무신론 클럽회장 프랜시스 뉴포트 경이 죽으면서 말하기를 "나에게 하나님이 없다는 말은 필요 없다. 하나님이 계시기 때문에 또 나는 하나님의 진노 앞에 있다. 지옥이 없다는 말을 할 필요가 없다. 이미 내 영혼이 지옥으로 굴러 떨어지고 있기 때문이다"라고 고백했습니다. 혹시 우리의 믿음이 때로는 의심 많은 도마처럼 약해져 있지는 않았는지요.

하나님이여! 내가 주님을 붙들고 살아가는 것이 아니라 주님께서 나를 붙잡고 계시기 때문에 오늘도 거룩하신 주님을 찬송하고 있음을 알게 하옵소서. 무엇보다도 한 입술로 찬송하는 거룩한 백성으로 살게 하셔서 덕스럽지 않는 부정된 입술이 되지 않게 하시고, 내 영혼을 책임져야 할 자신을 먼저 주님 앞에 인정받기 원하며 교회생활이나 가정생활이나 모든 매사에 늘 부끄러움 없이 살아 혹시 몸이 아파도 또 사업에 문제가 있어도 여러 모양으로 좀 어려워도 하나님과 나와의 관계는 늘 해결할 것이 없는 삶이 되도록 인도하여 주시옵소서.

오늘 여기에 함께 모여 고개 숙여 주님 보기를 원하는 우리 모두에게 오래토록 아니 주님 뵐 때까지 주님께서 늘 함께하셔서 평안을 주시고 위로를 주시고 소망을 주시옵소서.

주님이 없다면 우리의 고난과 수고와 여러 가지 어려움 중에서도 분에 넘치도록 봉사하고 섬기는 이 일이 무슨 즐거움이 있겠습니까? 주님 때문에 참고, 주님 때문에 먹을 것 조금 아끼고, 주님 때문에 양보하고, 주님 때문에 손해보고 할 말 다 못 하고 살지만 영원과는 바꿀 수 없기 때문에 우리는 계속해서 더 잘 섬기면서 살아가게 하옵소서.

이 모든 감사와 간구를 우리를 구원하시고 다시 오실 우리 구주 예수님의 이름으로 간절히 기도합니다. 아멘.

좋으신 하나님, 엿새 동안 우리의 삶의 현장에서 지켜주시고 또 생명을 연장시켜 주셔서 이 시간 은혜의 보좌 앞에 불러 주심을 감사를 드립니다.

하나님이여! 이 시간 이 회중에 임재하셔서 이 예배를 통해서 하나님의 은혜가 발목과 무릎에 차고 허리까지 차서 헤엄칠 물처럼 충만하게 되기를 소원합니다.

하나님, 지금 이 시대는 눈에 보이지 않는 큰 싸움이 전쟁터가 아닌 마음과 영혼 속에서 벌어지고 있습니다. 참 저 사람이 예수쟁이라는 말을 들을 수 있어야 하는데, 오히려 세속에 물들어 가고 예수님 이름 더럽히고 주님 때문에 십자가를 지는 고난보다는 평안과 일락을 좋아하던 모습을 주님은 아십니다.

체코의 안후스는 주님 때문에 화형을 당하면서 "신실한 기독인들이여 진리를 찾아라. 진리를 배워라. 진리를 사랑하라. 진리를 말하라. 죽기까지 진리를 수호하라. 이것은 진리가 너를 죄와 영혼의 죽음과 영원한 죽음으로부터 자유케 하기 때문이다"라고 고백하였습니다.

하나님이여! 주님 때문에 우리가 고난 받은 것이 무엇이 있습니까? 도리어 주님 때문에 놀라운 은혜를 받았고 병든 때에 일으켜 주셨고 필요한 때마다 주님은 다 주시지 않았습니까. 말씀대로 살면 십자가를 지겠지만 나중에는 생명의 면류관을 쓰게 될 터인데 하나님 외에는 그 무엇도 그 누구도 두려워하지 않고 믿음 잘 지키는 우리 모두가 되게 인도하시고 도와주시옵소서.

하나님, 이 시간을 통해서 우리의 인격과 영적인 삶이 변화되어 환경을 바꿀 수 있는 위대한 힘과 능력을 부어주셔서 정말 나를 통해서 하나님의 살아계심을 보여주는 삶이 되며, 나 때문에 하나님의 영광을 가리는 일이 없도록 날마다 때마다 시간마다 도와주시기를 소원합니다.

이제 목사님 말씀을 증거하실 때에 능력으로 함께하셔서 은혜의 말씀, 능력의 말씀이 선포되게 하시고 은혜의 깊은 곳까지 인도하셔서 또 엿새 동안 세상에서 살아갈 때 믿음을 잘 지키게 하옵소서.

이 모든 감사와 간구를 우리를 구원하시고 다시 오실 우리 구주 예수님의 이름으로 간절히 기도합니다. 아멘.

우리의 위로가 되시며 모든 환난 중에서 깊이 개입하셔서 이기게 하시는 살아계신 하나님, 찬송과 경배와 영광을 돌려드립니다.

이 시간 우리 모두에게 함께하셔서 전능하신 하나님과 연결되어지게 해 주셔서 하나님의 능력의 옷을 입혀주시고 성령으로 충만하게 하셔서 새롭게 세워지는 예배가 되게 인도해 주시옵소서.

세상은 온통 어두워가고 사람들은 소유에 집착되어 부정과 부패로 인격이 무너지는 악한 시대로 하루가 다르게 변해가고 있습니다.

특별히 교회가 어두운 구석구석을 살피고 돌아보며 발로 뛰는 헌신과 수고를 아끼지 않는 그런 희생의 사람들이 날마다 더 많아지도록 도와주시옵소서.

오늘 이 시간에 친히 임재하셔서 이곳에 모인 우리와 함께하셔서 영적으로 변화되어 늘 깨어 간구하는 저희들 되게 하시고 살아계신 하나님의 영광 앞에 서서 나의 가난한 모습을 보게 하시고 겸손하여 낮아지며 섬기는 모습이 되어 몸된 교회를 든든히 세워갈 수 있도록 성령께서 인도하시고 충만케 하옵소서.

이 시간 교회를 붙드시고 함께하셔서 하나님이 주신 기회를 붙드는 사람이 되게 하시고 신앙에 모험이 있고 승리가 있는 저희들 만들어 주시옵소서.

특별히 우리 안에 선한 충동을 주셔서 한분 한분마다 하나님의 능력의 기름에 심지를 깊게 내리고 결코 흔들림이 없는 깊이 있는 믿음으로 살게 하옵소서.

참된 일을 위하여 애쓰며 좋은 일에 가까이 가게 하시고 믿음의 시대를 사는 사랑의 사람, 희생의 사람, 헌신의 사람들이 이 목장에 많이 일어나게 해 주시옵소서.

이 예배를 통해서 삶의 방향이 달라지고 하나님을 향한 초점이 분명해지게 하셔서 속히 평안을 회복하는 은혜를 주시옵소서.

이 모든 감사와 간구를 우리를 죄에서 구원해 주시고 다시 오실 우리 구주 예수님 이름으로 기도합니다. 아멘.

우리의 힘이 되시고 능력이 되시는 하나님 아버지,

도시로부터 밀려오는 세속적인 정신의 물결은 그 파고가 높고 교회로부터 세상으로 흘러들어가는 맑은 물은 너무나 미약한 물줄기에 지나지 않습니다.

하나님이여, 무쇠처럼 굳어버린 우리의 가슴을 주님의 사랑으로 녹아지게 하시고 대속의 은혜로 값없이 받은 우리의 가슴마다 감격의 눈물이 흐르게 해 주시옵소서.

하나님, 아무리 세상이 악하여도 진리 아닌 것들로 인하여 세상과 화목하기보다는 참된 것들 때문에 세상과 싸워 이기게 하옵소서.

모든 성도 중에 지극히 작은 자보다 더 작은 나에게 은혜를 주신 것은 측량할 수 없는 그리스도의 풍성을 이방인에게 전하게 하시고 영원부터 만물을 창조하신 하나님 속에 감추었던 비밀의 경륜이 어떠한 것을 드러내게 하려하심이라고 고백한 사도 바울의 고백이 오늘 우리의 고백이 되게 하시옵소서.

하나님 아버지, 이 성회 중에 함께하시어 그 임재 앞에 자신의 속됨을 깨달아 깊이 뉘우치게 하는 참회의 시간이 되며 말씀 앞에 순종하며 말씀에 따라 생활하며 말씀으로 복 받아 믿음의 장부로 인정받게 하옵소서. 그리스도인으로 세상을 향하여 십자가에 못 박혀 있는 자신의 정욕을 볼 수 있게 하옵소서.

이 시대에 소경된 우리의 눈이 열리게 하옵소서. 이 시대에 신앙의 앉은뱅이 된 저희들이 의자를 들고 일어서게 하옵소서. 신령한 영의 눈이 밝아지게 하옵소서. 소경 바디메오처럼 세상의 걱정 근심 각종 유혹의 겉옷을 벗어버리고 주님 앞에 부끄럼 없이 나아가 '주여 보기를 원하나이다' 하고 진실된 고백이 있게 하여 주시옵소서.

우리 교회가 이 시대에 죄의 도피성이 되게 하시고 초대 교회의 견딜 수 없이 좋았던 처음 사랑이 회복되게 하옵소서. 서머나교회를 향하여 주신 말씀이 오늘 이 시대를 살아가는 우리에게 주신 귀한 말씀으로 알고 죽도록 충성하여 생명의 면류관과 의의 면류관을 모두 받아 쓰게 하옵소서.

교만한 인간들이 높고 낮은 바벨탑을 쌓으려는 죄악이 하나님의 복음의 강물에 잠기게 하시고 온통 도시가 구속의 물줄기를 만나 회심하고 통회하고 자복하는 변화가 일어나게 하옵소서.

하나님이여! 이 세상에는 특별한 삶을 살았던 이들이 많습니다. 하나님을 한없이 사랑했기 때문에 자신들의 생을 오직 주님만을 위하여 넘치도록 수고하며 살아서 불꽃처럼 태워드렸던 믿음의 사람들처럼 이름도 빛도 없이 주님 때문에 교회를 섬기는 많은 이들이 우리 교회에도 많이 있습니다.

각각 받은바 달란트는 다르겠지만 십자가에서 대속의 피와 물을 쏟아주신 주님을 향하여 귀한 향유를 그 머리와 발에 붓고 고백의 눈물을 흘리는 진실한 삶들이 우리 교회를 물들여 가게 하옵소서.

우리를 위하여 십자가에 못 박힌 사건은 하루 동안의 일이었으나 사복음서는 13장에 이 사건을 기록하여 우리를 기꺼이 십자가 아래로 인도하여 주님을 바라보게 하시옵고 나의 생명은 주님의 것이오니 내 것처럼 사용하지 않고 겸손하고 낮아져서 교회에 덕을 세우며 살게 하옵소서.

이 모든 감사와 간구를 우리를 죄에서 구원해 주시고 다시 오실 우리 구주 예수님 이름으로 기도합니다. 아멘.

우리의 피난처가 되시며 심판 날에 구원이 되시는 살아계신 하나님 아버지, 은혜와 사랑을 감사드립니다.

삶의 현장에서 분주하던 일손을 멈추고 갈급한 심령들이 말씀을 사모하여 함께 예배하오니 위로부터 주시는 신령한 은혜를 이 회중에 충만하게 주시옵소서.

이 땅에는 아직도 거룩한 날을 지키지 못하는 어리석은 인생이 많은데 우리를 사랑하시고 전능하신 하나님과 연결되어지게 하시고 하나님의 말씀에 늘 가까이 가게 하시고 하나님의 법에 주리고 목마른 저희들 되게 하셔서 이 동산에 올라오게 하신 사랑을 감사드립니다.

하나님, 이 예배를 통해서 눌린 자가 해방되게 하시고, 걱정과 근심이 있는 이들이 기쁜 마음을 가지게 하시고, 나만이 알고 있는 고통과 근심이 사라지게 하시고, 병든 자가 믿음으로 나으며 치유되는 기적이 있게 해 주시옵소서.

이 예배에 승리가 있게 하시고 삶의 승리를 가져오며 또 일주일 아니 평생의 승리가 우리에게 보장되게 해 주시옵소서.

힘들고 어려운 때에도 주님을 떠나지 않게 하시고, 예수 그리스도의 십자가를 바라보며 깨끗하고 정직하고 거룩하게 하나님이 주시는 능력으로 세상을 치유하고 축복하며 살아가는 부요한 믿음을 다 얻도록 도와주시옵소서.

고3 학생들과 재수생들에게 수능시험이 다가왔습니다. 지금까지 배우고 익힌 문제들이 현장에서 잘 기억나게 하시고 혼돈치 않고 침착하여 시험에 잘 임할 수 있도록 살아계신 하나님께서 이 종들의 배후를 지켜주시옵소서.

이제 교육관이 아름답게 완공되어졌습니다. 남은 부분과 물질도 우리 주님이 채워주시기를 원합니다. 수고하신 이들 위에 주께서 위로와 복을 주실 줄 믿습니다. 이들의 수고와 헌신이 이곳에서 자라나는 다음세대들이 어느 곳이든 그들이 있는 곳에서 믿음의 거장들로 살아가는 밑거름이 되는 신앙교육이 이루어지는 공간이 되게 하여 주옵소서.

이제 목사님, 기도와 땀과 눈물로 준비된 말씀을 선포하실 때에 큰 은혜가 충만하게 하시고, 목사님의 건강을 늘 지켜 주시옵소서.

이 모든 감사와 간구를 우리를 죄에서 구원해 주시고 다시 오실 우리 구주 예수님 이름으로 기도합니다. 아멘.

전능하신 하나님 아버지, 시시각각으로 변해가는 환경과 상황 속에서도 하나님을 향한 마음 변치 않게 해 주시고 이 시간 복된 은혜의 자리에 인도해 주신 하나님 아버지께 감사와 찬송과 영광을 돌려드립니다.

이 시간 남노회 장로회 순회헌신예배로 언양교회 성도님들과 함께 예배드릴 수 있도록 인도하신 주님! 이 회중에 친히 임재하셔서 이 성회를 통해서 저희들의 영육이 크게 소생되게 해 주시옵소서. 그리하여 살아계신 하나님의 영광 앞에 서서 나의 가난한 모습을 보게 하시고 하나님의 몸된 교회를 든든히 세워 갈 수 있도록 성령으로 충만케 해 주시옵소서. 무엇보다도 교회 지도자 되시는 장로님들과 함께해 주셔서 우리들의 삶과 말 속에 정직함이 있게 하시고 영혼을 깨우는 일에 중심 인물이 다 되도록 도와주시옵소서.

은혜로우신 주님! 특별히 언양교회를 이곳에 세우시고 좋은 예배당을 신축하게 하시고 날마다 성장케 하신 은혜를 진정으로 감사를 드립니다. 온 교회가 주님의 명령인 복음을 더 많이 증거하여 이 땅에 어두움과 죄악이 크게 회복되는 거룩한 충격이 있게 하시고 이 포도원에는 가지마다 열매가 풍성히 맺히는 복을 넉넉하게 내려 주시옵소서.

온 교회가 마게도냐교회처럼 분에 넘치는 수고로 섬기고 봉사하여 감사와 기쁨이 날마다 더하여 가며 좋은 소문이 담을 넘어 이 지역과 이웃을 따뜻하게 하는 은혜 충만한 교회가 될 줄 믿습니다.

우리 장로님들 섬기시는 교회마다 아름다운 섬김으로 성도들의 발을 씻기는 작은 자가 되고 싶은 욕심을 주시고 보이지 않는 곳에서 성실하게 양 한 마리에 목숨을 건 다윗처럼 자신에게 진실하고 하나님의 눈길만 의식하는 저희들 다 되기를 간절히 기도합니다.

우리 중에 삶의 무거운 짐과 갖가지 고민이 있다면 이 시간 해결함을 받게 해 주시옵소서.

이제 목사님, 능력의 장중에 붙들어 주셔서 준비된 말씀 선포하실 때에 목마른 우리의 영혼에 단비가 되게 하시고 또 엿새 동안 믿음으로 승리하는 삶을 살기 위한 귀한 능력의 말씀이 되게 해 주시옵소서.

이 모든 감사와 간구를 우리를 죄에서 구원해 주시고 다시 오실 우리 구주 예수님 이름으로 기도합니다. 아멘.

하나님 아버지, 우리는 죄 가운데 태어나 죄와 더불어 먹으며 살고 있지만 영원한 하늘나라를 바라보며 소망 가운데 살게 하신 은혜와 사랑을 진심으로 감사와 찬송과 영광을 돌려드립니다.

오늘 이 시간을 위해서 여러 달 동안 우리 교회가 새벽마다 한 생명 한 생명을 위해서 눈물 흘리며 기도한 소원을 하나님께서 들으시고 많은 분들을 이 예배에 보내주신 것 너무 고맙고 감사합니다.

하나님, 한 생명이 천하보다 귀하다고 하신 주님께서 이 분들의 생명을 책임져 주시고, 먼저 하나님을 인정할 수 있는 믿음 주시기를 원합니다. 자신의 생활 방식과 경험 등의 장애물 때문에 지금까지 듣지 못한 하나님의 음성, 받지 못했던 하나님의 사랑, 하나님에 대하여 알지 못한 것을 말씀을 듣고 깨달아 알게 해 주시고 한 사람 한 사람의 영혼 속에 하나님의 생명이 있게 해 주시옵소서.

여기에 고개 숙인 우리는 살아가는 환경이 각각 다릅니다. 배운 정도도 다릅니다. 건강한 분과 몸이 불편한 분도 있습니다. 부요한 분과 빈곤한 분도 있습니다.

그러나 하나님 앞에서의 신분은 우선순위가 없는 하나님의 자녀의 권세를 얻은 왕 같은 거룩한 백성 됨을 믿습니다.

주님, 이제 우리의 생각을 고쳐주시옵소서. 나그네 인생길을 살면서 이 땅의 삶이 끝이 아니고 그후에 영원한 삶이 있다는 것을 알게 해 주시옵소서.

이 땅의 삶은 들에 핀 꽃과 같으며 아침 이슬 같으며 잠깐 있다가 없어지는 안개와 같다고 하였사오니 오늘 우리의 눈을 밝게 해 주셔서 하나님을 만나게 해 주시고 우리의 귀 문이 열려 하나님의 음성을 듣는 복된 시간되기를 간절히 기도를 드립니다.

이제 주님 없이 살 수 없다는 고백과 착한 소원들로 우리 마음 마음마다 넉넉하게 채워주시기를 원합니다.

이제 김대현 담임목사님, 복된 말씀, 생명의 말씀, 영생의 말씀을 선포하실 때에 우리의 마음이 뜨거워 견딜 수 없게 하시고 참회와 회개와 다짐의 시간되게 해 주시옵소서. 주는 그리스도요 살아계신 하나님의 아들이라는 고백과 큰 믿음이 있게하여 주옵소서.

우리를 죄에서 구원해 주시고 다시 오실 예수님의 이름으로 기도합니다. 아멘.

전능하신 하나님 아버지, 우리를 사랑해 주셔서 여기까지 인도하신 하나님의 크신 은혜와 사랑을 진심으로 감사와 찬송과 영광을 돌려드립니다.

지난 한 주간도 분주하고 혼잡한 삶 속에서 허탄한 생각과 욕심 때문에 하나님의 마음을 아프게 한 모든 허물을 용서해 주시고 이제 이 예배를 통해서 하나님을 향한 깊은 사랑과 신령한 교제로 연약한 우리의 영혼이 주님의 옷자락을 만지며 주님의 세미한 음성을 듣게 해 주시옵소서.

하나님 아버지, 시대는 너무 급변하여 하루가 다르게 상식을 초월한 정치인들이 부정한 돈놀이와 거짓됨과 위선이 온통 이 나라를 어둡게 하고 있으며, 세상의 빛과 소금으로 자리를 지켜야 할 교회들이 복음으로 화목하기보다 점점 세속화되어 믿는 것 따로, 사는 것 따로, 참 그리스도인을 분간하기 어렵게 되었습니다.

주여! 무엇보다도 영적으로 무력해진 우리 모두에게 큰 은혜를 물붓듯 부어 주셔서 저희들의 삶과 말 속에 정직함이 있게 하시고 이 땅을 따뜻하게 하는 사람이 되며 영혼을 깨우는 일에 중심인물들이 다 되게 도와주시옵소서.

하나님 아버지, 우리 교회는 순수한 복음과 내적 치유와 헐벗고 굶주린 자를 돌아보며 죄 때문에 아파하는 영혼을 불쌍히 여기는 일에 많은 관심을 가지게 하시고 이 지역과 울산 도성과 민족을 품에 안고 늘 고민하며 기도하는 생명력이 넘치는 교회가 되게 해 주시옵소서.

주님 이 성회에 고개 숙인 개인과 가정이 위로부터 주시는 신령한 하나님의 은총을 크게 받아 세상이 알지 못하고 깨닫지 못하는 축복의 자리에서 이웃에 감동을 주며 사랑을 보여주는 참된 모습들이 되게 해 주시옵소서.

이제 목사님, 땀과 눈물과 무릎으로 준비한 말씀을 선포하실 때에 하나님의 능력이 나타나게 하시고 내 생각이 하나님의 것과 다른 것이 있다면 고침 받고 내어버리는 복된 시간 되게 해 주시옵소서.

이 모든 감사와 간구를 우리를 죄에서 구원하시고 다시 오실 우리 구주 예수님 이름으로 간절히 기도합니다. 아멘.

우리를 사랑해주셔서 여기까지 인도해주신 하나님을 찬양합니다.

하나님 아버지, 한 주간도 세상의 고된 삶 속에서 주님을 인정하고 산다고 애썼지만 감정을 잘 다스리지 못하였고 여러 가지 편견으로부터 받은 영향 때문에 믿음에서 자유롭지 못했음을 고백합니다. 불순종과 정욕으로 흐트러진 죄와 허물을 이 시간 깨끗하게 씻어주시고 정결하게 되기를 간절히 기도드립니다.

주님, 이 성회에 임재하셔서 한분 한분마다 성령의 기름에 깊이 잠기게 해 주시고 건강하지 못한 분 건강주시고, 외로움과 경제적으로 힘든 이들의 위로가 되시며, 특별히 오랜 질병으로 고생하는 하나님의 백성들마다 능력의 손길로 깨끗이 치유받는 크신 은혜를 베풀어 주시옵소서.

하나님 아버지! 정직한 자의 장막이 흥함같이 우리 교회 모든 가정마다 예수 잘 믿어서 깨끗하고 정직하여 그 지경이 넓혀지게 하시고 갓난아이같이 순수하고 주의 일에 가까이 가며 기도의 회복과 찬송의 감격과 신앙의 승리가 있는 넉넉한 복을 받게 해 주시옵소서.

무엇보다도 우리의 마음과 눈과 혀와 귀에 침묵을 주셔서 말을 아낄 줄 알며 남을 칭찬하고 나보다 이웃을 낮게 여기고 존경하고 위로하는 좋은 풍토가 있는 교회되기를 간절히 기도를 드립니다.

날마다 하나님과 깊이 연결되어 있어 우리의 마음을 유혹하고 괴롭히는 어떤 것들도 마음에 들여놓지 않게 하시고, 온 교회가 신선하고 충격적인 은혜의 재발견이 있어 하나님의 신비하고 놀라운 기적을 날마다 경험하는 성숙된 믿음을 얻게 해 주시옵소서.

10월 30일 태신자 전도주일을 위해 기도합니다. 이번 기회에 우리 교회가 죄와 어두움과 마귀의 권세 아래 있는 한 영혼을 위하여 철저히 헌신하게 하시고 값어치 없는 인생이 값을 매길 수 없는 하늘의 시민으로 바꾸어지는 역사가 있게 해 주시옵소서.

우리를 죄에서 구원하시고 다시 오실 예수님의 이름으로 기도합니다. 아멘.

하나님 아버지!

한 주간도 하나님의 판단이 옳다고 인정하지 못한 마음과 내 인생의 주도권이 내게 있다고 생각한 그릇된 마음들을 회복시켜주셔서 이 예배를 통해서 큰 은혜 받는 복된 시간 되게 해 주시옵소서.

주여! 어렵고 힘들었던 과거보다 풍족한 현재의 상태에서 자만하고 하나님의 말씀 앞에 늘 긴장하지 못한 마음이 있었다면 이 예배를 통해서 생명의 법 아래로 인도해 주셔서 담대히 그리스도를 자랑하고 증거할 수 있는 믿음을 얻게 도와주시옵소서.

사랑의 주님, 나그네 인생길을 가는 동안에 땅의 것과 사람으로 인해 하나님을 원망하는 마음 가지지 않게 해 주시고 날마다 때마다 나를 살펴 나의 해어진 옷이 부끄러움을 가릴 수 없음을 알고 겸손하며 허리를 낮추어 주님의 십자가를 바라만 볼 뿐 아니라, 내 몫에 태인 십자가를 지고 가는 용기 있는 믿음 주시기를 간절히 기도합니다.

사랑의 주님, 하나님께 헌신하며 나아가는 자에게 견고한 성읍 쇠기둥과 놋 성벽이 되리라 하신 약속의 말씀을 믿고, 어렵고 힘든 고난 속에서도 하나님의 구원하심을 보며 하나님의 손길을 날마다 체험하는 우리 남부교회 되기를 간절히 소원합니다.

특별히 3.19 어린 영혼 2,000명 전도에 온 교회가 동참하여 하나님 나라가 여기 있다고 어린아이를 달래는 어머니 심정으로 영혼이 아파 울고 있는 이 도성을 향해 외치는 입술마다 그 말에 능력을 주시옵소서.

주님, 성공하는 사람들에게는 성공하는 습관이 있듯이 성공하는 교회, 성장하는 교회의 습관은 전도하는 길인 줄 믿습니다. 가정을 살리고, 교회를 살리고, 민족을 살리는 길은 청소년들을 그리스도의 품으로 인도하는 길밖에 없음을 확신합니다. 주님 도와주시옵소서.

이 시대는 이단과 사탄 마귀가 공개적으로 하나님을 대항할 뿐 아니라 빛을 거부하는 악한 때가 되었습니다.

주여, 진정 역사의 물줄기를 바꿀 수 있는 믿음의 사람들을 우리 교회가 많이 훈련시켜서 한 세대에 변화의 주역으로 요소요소에서 쓰임 받을 뿐 아니라 3대에 걸쳐 왕을 섬긴 다니엘 같은 신실한 사람들이 일어나게 해 주시옵소서.

우리 목사님, 모든 유혹으로부터 자유롭게 하시고 힘든 고난의 자리를 잘 지킬 수 있도록 주께서 힘과 능력을 주셔서 날마다 새롭게 하여 주시옵소서. 날마다 잃어버린 양을 위하여 울고, 가슴으로부터 터져 나오는 간절한 외침에 능력을 주셔서 온 교회가 하나님의 말씀의 강물에 잠기는 넉넉한 은혜를 내려주시기를 간절히 기도합니다.

우리를 죄에서 구원하시고 다시 오실 예수님의 이름으로 기도합니다. 아멘.

전능하신 하나님 아버지!

우리를 천국백성 삼아주시고 이 시간 생명의 법 아래로 인도해 주신 크신 은혜와 사랑을 진심으로 감사를 드립니다. 지난 한 주간도 하나님의 약속이 미약해 보여 혹시라도 불순종의 마음이 있었다면 예배를 통해서 믿음이 크게 회복되는 신령한 은혜를 이 회중에 넉넉하게 내려 주시옵소서.

사랑의 주님, 이번 지방선거에 당선된 이들, 주께서 은혜를 베풀어 주셔서 정직과 성실을 바탕으로 책임 있는 행정과 겸손과 섬김으로 청지기의 의식을 가지고 하나님 앞에서 진정 나라와 백성을 사랑하는 이들이 되도록 주께서 함께해 주시옵소서.

주님, 이 민족이 살길과 구원받는 길은 하나님의 손길밖에 없음을 인정하고 하나님의 방식대로 길들여져 우리를 힘들게 하는 각종 질병과 재난의 위험과 경제적인 어려움들이 일마다 때마다 해결되는 은혜를 경험하게 해 주시옵소서.

하나님 아버지, 주님 오실 날이 가까운 이때에 웨일즈에 일어났던 부흥운동이 이 땅에서 다시 시작되어지게 해 주셔서 마귀와 우상 숭배가 판치는 도시 한 복판에서 그리스도의 십자가를 담대히 증거하여 하나님의 생명이 왕 노릇하는 복 받는 교회와 가정들이 되도록 간절히 기도합니다.

특별히 우리 교회 1인 1명 전도운동에 모두 동참하여 열심히 기도하고 헌신하며 전도할 때에 택한 자와 낙심된 이들이 돌아오게 하시고 어둠의 권세가 무너지는 역사가 일어나게 될 줄 믿습니다.

올해에도 200명의 태신자를 불러주신 주님, 이 분들이 아직은 믿음이 어리지만 믿음의 장성한 분량에 이르기까지 눈동자같이 지켜주시옵소서. 이전보다 그 마음에 기쁨이 샘솟게 하시고 하나님이 주신 비전의 영토를 차지하는 복을 그 가정과 개인과 생업 위에 풍성하게 내려주시옵소서.

오늘 학습과 세례를 받는 이들에게 주께서 하늘의 신령한 복을 주셨사오니 끝까지 주님을 의지하고 어떤 시련이 와도 주님을 배반하지 않고 생명의 면류관을 받는 저희들 다 되게 해 주시옵소서.

이제 목사님께 갑절의 영권을 더해 주셔서, 준비된 말씀 선포하실 때 성령의 감화 감동하심이 이 회중에게 충만하게 하시고, 말씀의 감격과 눈물이 있어 우리의 삶에 중요한 것이 무엇인지를 알아 그렇게 살기를 다짐하는 복된 예배가 되게 도와주시옵소서.

우리를 죄에서 구원하시고 다시 오실 예수님의 이름으로 기도합니다. 아멘.

하나님 아버지,

때를 따라 돕는 은혜를 주시고 구원의 동산에 올라와 예배할 수 있
는 큰 은혜 주심을 진심으로 감사를 드립니다. 이 회중에 성령 하나님
께서 말씀으로 찾아오셔서 갈급한 우리의 영혼이 힘을 얻는 복된 시간
되게 해 주시옵소서. 하나님 아버지 이 예배를 통해서 내 자신을 신뢰
하던 모든 교만을 알게 하시고 이제까지 붙들고 놓지 못한 잘못된 생
각과 죄를 버릴 수 있는 믿음을 주시옵소서. 날마다 나를 하나님 앞에
세우고 하나님의 거룩한 백성으로 살기를 다짐하는 마음이 있게 해 주
시옵소서.

부패한 자신을 사랑함으로 선한 의지의 마음이 무너지고 온갖 허탄
한 삶이 우리를 영적으로 어둡게 만들지는 않았습니까. 이 시간 성령
님이 친히 빛이 되어주셔서 내 영혼에 어두움이 자리 잡지 못하게 하
시고 세상에 대한 탄식과 깊은 슬픔을 넘어 구원받은 백성으로 건강한
믿음 얻기를 간절히 기도합니다.

주님, 이 나라와 이 민족을 불쌍히 여겨 주시옵소서. 이 땅은 온통
사행성 도박으로 헛된 꿈에 희망을 걸고 있는 불쌍한 사람들이 너무
많습니다. 진정 행복이 무엇이며 어디에서부터 오는지를 알지 못하고

삶을 소모하며 좌절하고 있는 이 땅을 복음으로 새롭게 변화되게 해 주시옵소서.

10월 29일 태신자 전도주일을 위해 기도합니다.

주님! 물에 빠진 사람에게는 생명줄이 필요하듯이 죄에 빠진 사람에게는 생명 되시는 예수 그리스도가 필요합니다. 태신자 전도주일로 인하여 죄로 잠든 도시를 깨우는 일에 분주한 기도와 땀과 눈물이 헛되지 않도록 우리의 간구를 들어주시옵소서. 많은 이들이 구원받는 성령의 역사가 일어나게 해 주시옵소서.

진정 우리가 기도하며 죄로 어두워져가는 이 땅이 하나님의 영토가 될 것이며, 이 시대에 새로운 구원의 물줄기가 이 도시를 덮을 줄 확신합니다.

우리 교회가 샘 곁의 무성한 가지가 되어 담을 넘어 어두움의 권세를 이기는 빛이 되게 해 주시옵소서.

주님, 여기에 고개 숙인 한 사람 한 사람의 간구하는 소원마다 응답받는 복된 예배가 되도록 기도드립니다. 우리 목사님, 성령의 능력으로 충만하게 하시고 이 시대의 영적권위가 있어 하나님이 맡겨주신 이 목장을 잘 살펴서 푸른 목장 되게 하시고, 많은 영혼이 쉼을 얻는 큰 능력의 역사가 날마다 더하게 해 주시옵소서.

우리를 죄에서 구원하시고 다시 오실 예수님의 이름으로 기도합니다. 아멘.

전능하신 하나님 아버지,

지난 한 해도 지켜주시고 순례자의 길에 길동무가 되어주신 은혜와 사랑을 진심으로 감사와 찬송과 영광을 올려드립니다.

새해 둘째 주일을 거룩하게 지키게 하시고 은혜와 말씀의 동산에 올라 왔사오니 이 회중에 친히 강림하셔서 하나님께는 큰 영광이 되며 고개 숙인 모두에게 한량없는 위로와 은혜의 시간이 되게 도와주시옵소서.

사랑의 주님! 2007년에도 우리 교회가 크게 부흥하며 성장되기를 간절히 기도합니다. 온 교회가 주님의 명령인 복음을 담대히 증거하여, 이 땅에 어두움과 죄악이 크게 회복되는 거룩한 충격이 있게 하시고, 이 포도원에는 가지마다 열매가 풍성하게 맺히는 복을 내려주시옵소서.

특별히 이 새해에 크신 은혜를 베풀어 주셔서 세상 근심 걱정 내려 놓지 못한 무거운 짐이 있었다면 다 주님께 맡기게 하시고 아름다운 섬김으로 모두가 발을 씻기는 작은 자가 되고 싶은 마음을 주시옵소서.

차별 없는 섬김으로 서로 좋은 점은 칭찬하고 번영을 함께 기뻐하며 빈곤을 동정하고 보이지 않는 곳에서 성실하게 양 한 마리에 목숨을 건 다윗처럼 자신에게 진실하고 하나님의 눈길만 의식하는 좋은 풍토가 날마다 넘쳐나는 푸른 목장이 되게 해 주시옵소서.

사랑의 주님! 우리 모두는 부자가 되거나 일등이 될 수 없다 할지라도 잘 사는 하나님의 백성이 되게 하시고, 교회가 세운 계획에 따라 최선을 다해 섬기고 봉사하는 사랑의 공동체로 감사와 기쁨이 날마다 더하며 좋은 소문이 담을 넘어 이 도시에 널리 퍼지게 하옵소서.

태아로부터 연로한 분에게 이르기까지 눈동자같이 지켜주셔서 결단코 벼랑 끝에 서는 자 한 사람도 없게 하시고, 때마다 일마다 하나님의 눈길이 우리 모두에게 멈추는 복의 한해가 되게 해 주시옵소서.

이 나라 이 민족을 긍휼히 여겨주시옵소서. 소돔과 고모라 성은 잠든 도시요 이 성을 깨우는 자가 없어 망했다고 하는데, 하나님을 두려워하며 영혼이 맑은 사람이 이 민족을 위해 일하게 하시고 어두움의 권세가 붙잡지 못하도록 이 백성을 지켜주시옵소서.

이제 목사님 말씀 선포하실 때에 갑절의 영권을 주시옵소서. 성령의 감화 감동하심이 이 회중에 충만하게 하시고 말씀에 감격과 참회의 눈물이 있게 하옵소서.

우리를 죄에서 구원하시고 다시 오실 예수님의 이름으로 기도합니다. 아멘.

찬양 받으시기 합당하신 하나님 은혜를 진심으로 감사드립니다. 우리를 도우시사 우리로 더욱 하나님을 사랑하게 하시니 감사합니다. 주의 이름을 의지하여 이 예배를 드리오니 우리의 믿음과 정성을 받으시옵소서.

우리를 지도하여 주시고 감동하게 하시는 성령님께서 이 시간 오셔서 우리가 신령한 예배를 드리게 하옵소서. 우리의 예배가 하나님께 영광이 되고 우리에게 은혜와 축복이 되게 하옵소서. 우리가 드리는 찬송으로 영광을 받으시고, 우리의 감사로 복을 약속 받게 하여 주옵소서. 우리의 마음을 순결하게 하시어 하나님을 뵙게 하시고 하늘나라의 신령한 비밀을 알게 하옵소서.

살아계신 주여, 이제 주의 백성들이 하나님을 경배하고 찬송하며 교제를 나누기를 원하여 성전건축을 작정하였사옵니다. 새로운 성전이 건축되어 더 많은 성도들이 모여 예배드리며 민족복음화와 세계선교를 위해 헌신할 수 있는 그런 아름다운 처소가 될 수 있도록 복을 주시옵소서.

천지만물의 주인 되시는 지극히 부요하신 하나님, 우리 성도들의 마음에 하나님의 전을 건축할 열심을 불러 일으켜 주셨사오니 성전건축에 필요한 물질과 일꾼도 허락해 주실 것을 믿습니다. 우리 성도들이 먼저 그의 나라와 의를 구할 때 하나님의 은혜가 모든 일상의 필요에 넘치게 임하여 주심을 믿습니다.

사랑이 많으시고 자비하신 하나님, 오늘도 우리가 이 땅에 있는 동안 하나님의 은혜로 생명을 얻되 넘치도록 풍성하게 얻으며 하나님의 빛 된 자녀로서 세상을 이기며 살게 하여 주심을 진심으로 감사드립니다.

주여, 몸된 교회학교에 맡겨진 어린 심령들과 대학, 청년부에게 하나님의 사랑과 은혜를 부어주시옵소서. 신실하고 성령 충만한 교사들을 세워주셔서 교회학교의 유아부, 아동부, 중·고등부의 어린이들과 청소년들이 하나님의 말씀과 성령의 은혜 안에서 자라나게 하여 주옵소서. 어릴 때부터 하나님을 알고 경외하기를 배우는 어린 심령들에게 복을 주셔서 신체가 성장할 때 지혜도 성장하게 하옵시며, 장차 교회와 이 나라의 지도자들이 되어 하나님의 선하신 뜻을 이루게 하옵소서.

대학, 청년부의 청년들에게 성령 충만을 주시옵소서. 하나님께서는 "말세에 내가 영으로 모든 육체에게 부어 주리니 너희의 자녀들은 예언할 것이요 너희의 젊은이들이 환상을 보고 너희의 늙은이들은 꿈을 꾸리라"고 하셨습니다. 우리 청년들이 꿈과 비전을 갖고 민족복음화와 세계복음화에 헌신하는 귀한 일꾼들이 되게 하옵소서. 사시사철 늘 푸른 소나무처럼 항상 청년다운 푸르름을 간직하게 하시고 하나님의 진리의 말씀으로 무장하여 세상의 그 어떤 것도 두려워하지 않고 오직 하나님만을 두려워하는 젊은이들이 되게 하여 주옵소서.

말씀을 전하실 강재현 강도사님께 주님의 특별하신 은혜와 능력으로 동행하여 주옵소서. 오직 주 여호와를 앙망하는 자 새 힘을 얻으리니 독수리의 날개 치며 올라감 같을 것이라 하셨으니 강재현 강도사님께 여호와 주 하나님을 앙망하는 믿음을 더하시고 날마다 새 힘으로 동행하여 주옵소서. 곤비치 않고 피곤치 않도록 도우시사 우리를 주님의 말씀으로 이끄실 때 충만함으로 가득하게 하여 주옵소서.

교회를 위하여 수요일 저녁에도 주님께 나와 봉사하는 손길들에 복을 주시고 그 손길 위에 주님의 복이 쌓여지는 역사가 있게 하여 주옵소서.

우리의 예배를 주님 홀로 영광 받으시기를 기원하오며 거룩하신 예수그리스도 이름으로 기도 드립니다. 아멘.

사랑의 하나님 아버지, 우리를 이처럼 사랑하사 사망에서 생명으로 인도하여, 하나님의 친백성이 되게 하신 크신 은혜와 사랑을 진심으로 감사와 찬송과 영광을 올려드립니다.

오늘도 그 구원의 감격과 기쁨과 소망을 가지고 은혜의 보좌 앞에 올라와 주님을 경배합니다. 이 회중에 친히 임재하셔서 우리의 예배를 기쁘게 받아주시고 위로부터 주시는 신령한 은혜를 넉넉하게 내려 주시옵소서.

사랑의 주님! 지난 한 주간도 하나님의 나라를 사모하기보다는 영원하지 못한 물질과 땅에 것을 사랑하지는 않았습니까? 이 시간 자신의 감정과 편견으로부터 받은 영향에서 벗어나 자유함을 얻으며 죄와 불순종과 정욕으로 인해 굳어진 마음들이 예배로 인하여 신령한 기쁨과 감격을 회복할 수 있는 넉넉한 믿음을 주시옵소서.

하나님 아버지! 우리 중에 어려운 시험과 고난 중에 있는 이들이 있습니까? 경제적인 문제와 질병으로 고통당하는 이들이 있습니까? 자녀 문제와 가정 문제를 염려하는 이들이 있습니까? 모든 이들의 영혼에 세상에 대한 탄식과 깊은 고난과 아픔을 넘어 어둠의 권세가 붙잡지 못하도록 성령님이 친히 지키시고 모든 문제들이 해결함을 받는 은혜를 주시옵소서.

아직도 부활의 소망이 희미하고 나의 영혼에 참된 변화가 없는 이들이 있다면 마귀와 악의 속임으로부터 당당히 벗어나 주님의 음성을 들으며 하나님을 경험하며 마땅히 주님을 나의 주로 고백하는 자신 있는 믿음 주시기를 간절히 기도합니다.

사랑의 주님! 우리 교회가 이제 큰 꿈과 비전을 품고 새로운 예배당 건축을 한마음으로 결정하고 기도하며 애쓰고 있는 것 주님이 아십니다. 이 큰 역사 앞에 우리의 마음을 분열시키는 어떤 것들도 들여놓지 않게 하시고, 우리의 생각과 언어와 믿음에 하나님의 생기를 부어 주셔서 목적을 변화시키는 큰 은혜를, 시간이 갈수록 체험하게 도와주시옵소서.

하나님 아버지! 긴 시간과 인내를 통해서 마침내 뽕나무 잎이 비단이 됨과 같이 우리 모두 인내하고 기도하면 하나님의 눈길이 이곳에 멈추고 있음을 확실히 보게 될 줄 믿습니다.

우리가 기도하고 소원하는 모두가 우리의 영토가 되며 평지가 되게 하시고 하나님의 주권이 머물며 구원의 최고봉이 되게 해 주시옵소서.

이제 우리 목사님, 큰 능력의 장중에 붙들어 주셔서 외치시는 말씀이 목마른 우리의 영혼에 단비가 되게 하시고, 우리를 생명의 법 아래로 인도하여 크게 소생되어지는 시간되게 해 주시옵소서.

우리를 죄에서 구원하시고 다시 오실 예수님의 이름으로 기도합니다. 아멘.

전능하신 하나님 아버지, 우리의 영혼이 불변하신 하나님 앞에서 영원한 자유를 누릴 수 있도록 여기까지 인도하신 하나님께 감사와 찬송과 영광을 돌려드립니다.

지난 한 주간도 우리를 선한 길로 인도해 주셔서 다시금 은혜의 보좌 앞에 불러 주셨사오니, 성령의 기름 부으심으로 나를 돕기 원하시는 전능하신 하나님의 세미한 음성을 들으며 주님을 만나는 은혜의 시간이 되게 해 주시옵소서.

한 주간도 하나님을 온전히 섬기지 못한 허물과 죄를 하나님의 거룩하신 임재 앞에 훤히 드러나게 하셔서 애통하며 회개하는 마음을 주시옵소서.

하나님 아버지! 우리 인생의 삶이 어느 땐가는 이불을 덮어도 따뜻하지 아니할 때가 곧 오고야 말 것인데 겸손하게 현재를 살 뿐 아니라 주의 나라와 복음을 위해 힘써 일하다가 하나님의 심판대 앞에 담대히 서는 저희들 다 되기를 간절히 기도드립니다.

주님, 칼 루이스는 하늘의 것을 목적하라 그리하면 땅과 하늘을 동시에 얻을 것이라고 고백했습니다. 이 시간을 통해서 한분 한분마다 결정적인 결심을 하게 하시고 내 삶의 비어 있는 공간에 세상적인 것이 들어오지 못하도록 말씀으로 가득가득 채워 주셔서 또 엿새 동안 믿음을 지키며 살아가게 하옵소서.

하나님 아버지, 예루살렘 성을 지키는 것은 인간의 칼과 창이 아니라 하나님의 임재와 도우심이라는 것을 믿습니다. 우리의 간절한 기도를 들어주셔서 탈레반에 억류된 샘물교회 형제자매들을 속히 고국의 품으로 무사히 돌아올 수 있도록 은혜를 베풀어 주시며, 하나님의 견고한 성벽이 저들을 지키시고 어려운 때를 잘 이겨 나갈 수 있도록 도와주시옵소서.

12월에 있을 대통령선거에는 꼭 하나님의 마음에 합한 자가 이때에 필요한 지도자가 되게 하시고 나라와 민족을 위해 그 생을 아깝게 여기지 않을 뿐 아니라 하나님을 우선순위에 두는 분이 선택되기를 간절히 기도합니다.

주님! 열방에 흩어진 선교사와 그 가족들을 안전하게 지켜주시고 마음과 믿음을 지켜주옵소서. 일마다 때마다 성령님의 기가 막힌 인도하심으로 외형적으로 크게 보이는 거인 골리앗 같은 자들 앞에서도 믿음으로 담대하게 복음을 전할 때 믿지 않는 많은 사람들이 주님께 돌아오게 하옵소서.

수능시험을 준비하고 있는 우리의 자녀들을 주께서 기억하시고 믿음과 지혜와 건강을 주셔서 하나님이 기뻐하시는 일에 크게 쓰임 받을 수 있도록 큰 은혜를 베풀어 주시옵소서.

우리 교회가 기도하고 준비하는 예배당 건축이 진행 중에 있는 것 주님이 아십니다. 태산처럼 침착하고 물처럼 부드러운 마음 마음으로 서로를 축복하고 격려하며 사심 없는 헌신을 통해 하나님의 나라를 사모하는 자가 얻는 기쁨을 꼭 누릴 수 있도록 간절히 기도합니다.

우리 목사님, 모든 유혹으로부터 자유롭게 하시고, 날마다 새 힘과 건강을 주시옵소서. 이 시간도 간절한 외침에 상상을 초월한 영적 힘을 주셔서 친히 성령님의 도우심으로 모든 무리가 감화 감동 충만하게 하시고 가치관의 변화와 가난한 마음이 회복되며 질병으로 고통받는 자가 나음을 얻으며, 병든 자가 일어나며 사탄의 굴레에서 벗어나는 능력의 역사가 일어나게 해 주시옵소서.

우리를 죄에서 구원하시고 다시 오실 예수님의 이름으로 기도합니다. 아멘.

우리의 피난처가 되시며 심판 날에 구원이 되시는 사랑의 하나님 아버지, 이 회중에 임재하셔서 우리의 예배를 기쁘게 받아주시고 하나님께는 영광이 되며, 이곳에 고개 숙인 모두에게 기쁨과 소망과 은혜의 시간이 되게 해 주시옵소서.

지난 한 주간도 세상에 편리한 삶에 너무 익숙해져 하나님이 아닌 것들에 대한 사랑과 즐거움에 방황하고 있었다면 이 은혜의 자리에서 죄가 차지한 자리를 없애 주시고, 구원받은 하나님의 백성으로 우리의 신분이 자유롭게 되게 해 주시옵소서.

주님 이제 2007년 한해가 저물어 갑니다. 금년에도 300명이 넘는 많은 분들이 하나님의 기다림 속으로 돌아오게 하심을 진정으로 감사를 드립니다. 이분들이 영혼의 무거운 짐을 벗고 하나님의 사랑에 맛들이고 끝까지 믿음을 잘 지켜, 그 이름이 생명책에 기록되는 큰 복을 받게 해 주시옵소서.

특별히 질병으로 병원에서 가정에서 치료 중에 있는 주의 백성들 만병의 의사 되신 주님의 손으로 어루만져 주시사 속히 회복되는 은혜를 내려 주시옵소서.

하나님 아버지, 슬픔 중에 있는 가정을 위로해 주시옵소서. 무엇보다도 믿음에 담력과 소망 중에 인내하며 이 아픔을 이기게 하시고, 짧은 이별 영원한 만남이 있음을 굳게 믿고 남은 가족이 부활의 신앙 가운데 믿음으로 잘 살아가게 도와주시옵소서.

이제 수능 시험 후 결과를 기다리는 우리의 자녀들, 좋은 길로 인도해 주시옵소서. 이들의 미래가 다니엘처럼 지배국의 신임을 얻어 3대에 걸쳐 왕을 섬김 같은 믿음의 거장으로 쓰임 받는 종들이 다 되도록 선한 길로 인도해 주시옵소서.

12월 대선에는 권력에 집착된 손, 돈을 끌어안은 부패한 손, 더러운 죄를 감싸 쥔 손을 펴고, 무릎과 눈물의 강에서 하나님을 사랑하며 두려워하는 자를 지도자로 세워주시옵소서. 예배당 건축을 위해 기도합니다. 주여 역사는 눈물이 흐르는 방향으로 흘러간다 하는데 온 성도들의 간구와 눈물이 우리 교회의 역사를 바꾸는 근원이 되게 해 주시옵소서. 어렵고 힘든 일이 있다 할지라도 느헤미야가 보는 눈으로 보게 하시고, 내가 아닌 하나님이 하시는 일에 순종함으로 이 땅을 하나님의 기름진 땅으로 바꾸는 우리 교회 되게 도와주시옵소서.

이제 우리 목사님 능력의 장중에 굳게 세워주시고, 이 시간 말씀 선포하실 때에 성령의 충만한 역사가 있게 하시고, 말씀을 통해서 하나님의 뜻에 어긋난 모든 잘못된 것들을 밀어내고, 내 속에 예수의 흔적을 남기는 복을 받게 해 주시옵소서.

우리를 죄에서 구원하시고 다시 오실 예수님의 이름으로 기도합니다. 아멘.

우리의 피난처가 되시며 소망이 되시는 하나님 아버지, 지난 한 주간도 여러 가지로 생활에 분주했던 우리들을 지켜주시고, 오늘 거룩한 하나님의 보좌 앞에 불러주신 크신 은혜와 사랑에 진정으로 감사와 찬송과 영광을 돌려드립니다.

지난 한 주간도 나 자신을 주님보다 더 사랑했던 교만한 마음과 세상 즐거움의 유혹을 마음에 품고 있어, 영적 겨울이 오는 줄도 모르고 방황하여 하나님의 마음을 아프게 한 흔적이 있다면 이 예배를 통해서 애통하며 회개하는 마음을 주시옵소서.

하나님 아버지, 이 땅에는 물질에 대한 유혹, 권력에 대한 유혹, 교만의 유혹 등 갖가지 유혹이 죄를 잉태하여 하루가 다르게 우리를 놀라게 하고 있습니다. 주여! 이때에 우리에게 이 어둠의 권세를 이길 힘과 능력과 믿음을 물 붓듯 부어 주시옵소서.

주님! 사탄 마귀는 마지막 때가 가까운 줄 알고 교회의 비전과 목표를 무너뜨리기 위하여 수단과 방법을 가리지 않고 이제는 영상매체를 이용해서 하나님의 교회를 매도하고 이 땅에 복음이 전파되지 못하게 역사하고 있습니다. 우리의 왕이신 예수 그리스도의 권세로 능히 이기게 하시고 이 땅의 교회들을 주님의 장중에 굳게 지켜 주시옵소서.

은혜로우신 주님, 우리 교회에 큰 복을 주셔서 예배당 건축을 시작하게 하셨사오니, 하나님의 인도하심을 이 건축 현장에서 하나님을 경험하게 하시고 때로는 주님의 음성을 듣는 역사가 있어 온 교회가 하나되며 담대함을 얻게 해 주시옵소서.

이 큰 역사 후에 한 시대를 책임지는 믿음의 사람들을 길러내어 죄와 부패로 어두워진 이 땅을 건강하게 하는 하나님의 사람들이 구름떼 같이 일어나 이 땅과 이 민족과 열방을 살리는 우리 교회가 되게 해 주시옵소서.

주님, 금년에도 많은 새 가족들이 우리 교회에서 평안과 쉼을 얻게 하시고 모든 이들의 영혼이 잘됨같이 범사가 잘되는 큰 은혜와 신령한 복을 주시기를 간절히 기도합니다.

또한 온 교회가 한 영혼 한 생명을 위하여 정성을 다하여 전도하고 보살펴서, 주를 깨끗한 마음으로 부르는 자가 우리 교회에 차고 넘치는 불꽃 같은 부흥의 역사가 있게 도와주시옵소서.

주여! 이 나라를 위해 기도합니다. 대통령이 장로의 신분으로 기도와 지혜와 겸손으로 백성을 잘 보살핌으로 온 국민의 마음과 생각이 따뜻해져서 강한 자가 약한 자를 등에 태우는 좋은 풍토가 이 땅에서 일어나며 임기 동안 한국 경제의 기적을 이루는 성공한 대통령이 되어 역사에 길이 남을 수 있게 해 주시옵소서.

공의의 하나님! 기독교인이 있는 곳에는 불의한 관리들이 부임하기를 거부했던 옛 신앙을 회복시켜주시옵소서.

세상이 변했다고 말하기보다 내가 잘못되어가고 있지는 않은지, 나를 잘 살펴 가정과 교회와 사회에서 축복의 문을 여는 복의 사람이 되게 해 주시옵소서.

하나님 아버지, 우리 목사님, 하나님의 장중에 굳게 세워주시옵소서. 샘솟듯 하는 힘과 건강과 능력을 주시옵소서. 하나님의 공의와 헌신적인 사랑으로 갈급한 심령들이 시간 시간마다 새 힘을 얻게 도와주시옵소서. 오늘 말씀을 선포하실 때에 능력이 있어 병든 자가 일어나며, 질병이 낫게 하시고, 정신적으로 온전하지 못한 자가 놓임을 받는 역사가 있게 해 주시옵소서.

이 모든 감사와 간구를 우리를 죄에서 구원하시고 다시 오실 예수님의 이름으로 기도합니다. 아멘.

　허물과 죄로 영원히 죽었던 우리를 구원해 주시고, 흰 옷을 더럽히지 않는 하나님의 백성으로 여기까지 인도하신 하나님의 크신 은혜와 사랑에 진심으로 감사와 찬송과 영광을 올려드립니다.

　지난 한 주간도 세상 염려와 육의 정욕으로 인하여 마음과 생각을 잘 지키지 못하여 죄악에 미혹된 흔적이 있다면 이 예배를 통하여 영육 간에 새 힘을 얻는 복된 시간 되게 해 주시옵소서.

　하나님 아버지, 사악한 마귀는 때가 가까운 줄을 알고 예수 그리스도의 신성을 모독하며 믿는 자를 넘어지게 하려고 갖은 방법으로 우리를 위협하고 있습니다.

　주여! 환난과 핍박 중에도 신앙을 지킨 믿음의 선진들을 본받아 하나님의 주권을 우리의 삶 속에서 확인하고 세상을 향하여 영향을 끼치는 거룩한 하나님의 군사로 영적 싸움에서 이기게 도와주시옵소서.

　예배당 건축을 허락하시고 진행케 하신 주님, 온 교회가 간구하는 기도마다 들어주시고 응답해 주실 줄 믿습니다. 이 공사 기간 동안 구름기둥과 불기둥으로 하나님의 인도하심을 경험하게 하시고 기초부터 준공까지 날마다 감사와 기쁨이 있게 해 주시옵소서.

　지금은 예배 처소가 어렵고 불편하지만 고통은 내가 먼저 선택하고 즐거움은 나중에 누리는 좋은 소문이 날마다 더해가는 우리 교회 되기를 간절히 기도합니다.

금년에도 등록한 많은 분들, 늘 요람 속에 있지 않게 하시고 세상 풍속과 즐거움에서 벗어나 착하고 충성된 하나님의 친백성으로 인생의 추운 계절을 다 떨쳐버리고 내 영혼에 봄 동산을 경험하는 은혜를 베풀어주시옵소서.

온 교회가 단순한 친절을 넘어 한 영혼에 관심을 가지고 힘써 사랑하며 잘 섬김으로 저들의 휴식이 되어주고 안식이 되어주며 감동을 줄 수 있는 사랑의 공동체가 되기를 간절히 기도합니다. 이 강산 이 민족을 지금까지 지키시고 인도하신 주님, 힘들고 어려운 때가 속히 회복되어지게 도와주시옵소서. 대통령과 위정자들에게 선하고 정직한 마음을 주셔서 하나님을 사랑하며 이 백성을 잘 돌아보는 지혜로운 이들이 되게 해 주시옵소서.

세계 여러 나라에서 복음을 전하는 선교사들의 건강과 안전을 지켜주시고 사역지마다 진리의 복음이 그 땅을 차지하는 풍성한 은혜와 복을 내려주시옵소서.

주님! 병상에 있는 이들을 고쳐주시고 여러 모양으로 어려운 처지에 있는 이들을 위로해 주시옵소서. 내게 닥쳐온 일들과 환경이 어떤 모양에서든지 유익이 되며 복이 될 수 있는 조건으로 믿고 힘써 믿음과 건강을 지키도록 은혜를 베풀어 주시옵소서.

이제 남은 중고등부 수련회에 함께하셔서 이번 기회를 통해서 참석한 모든 학생들이 개인적으로 하나님을 만나는 체험이 있게 하시고, 하나님의 사랑을 맛보는 기회가 되기를 간절히 기도합니다.

우리 목사님 이 단에 세우셨사오니 마음 아파하며 방황하는 영혼을 시원하게 하는 거룩한 힘과 능력을 주시옵소서. 남방 왕 요시아, 히스기야같이 탁월한 지도력을 주시고, 고난의 자리를 잘 끌어안아 새 역사를 창조하는 건강한 목사님 되게 도와주시옵소서. 이제 말씀 선포하실 때에 그 말씀이 현실로 나타나는 하나님의 말씀으로 믿고 또 엿새 동안 삶의 자리에서 믿음으로 승리하는 저희들 다 되게 해 주시옵소서.

이 모든 감사와 간구를 우리를 죄에서 구원하시고 다시 오실 우리 구주 예수님 이름으로 기도합니다.

전능하신 하나님 아버지, 2008년 한해도 여기까지 인도해 주시고, 오늘도 은혜의 보좌 앞에 불러 주셨사오니 우리의 영혼이 하나님의 말씀 앞에 일어서서 하나님의 음성을 들으며, 하나님을 만나는 은혜의 시간이 되게 해 주시옵소서.

주님! 이 시간 우리를 돕기 원하시는 성령의 인도하심이 기적과 축복의 시간이 되게 하시고 죽음 이후에도 계속될 영원한 세계를 잘 준비하는 믿음 얻게 해 주시옵소서. 지난 한 주간도 부패한 자신을 사랑함으로 선한 의지의 마음이 무너지고 사탄이 주는 유혹으로 죄와 가까워진 흔적이 있다면 이 시간 큰 은혜 받아 확실한 회개와 돌아섬이 있게 해 주시옵소서.

사랑의 주님, 지난 한 주간도 온 성도들이 새벽을 깨우며 간구한 소원을 주께서 아십니다. 하나님의 크신 힘이 우리와 함께하셔서 꿈을 회복하며, 감사를 회복하며, 복을 연장 받으며 늘 행복한 일들이 개인과 가정과 교회에 넘치도록 채워 주시옵소서.

예배당 건축을 위해 기도합니다. 하나님 아버지 영적 거인은 태어나는 것이 아니라 기도로 만들어진다는데, 우리 교회가 기도하고 부르짖을 때에 풍성하시고 인색하지 않으신 주께서 필요와 때를 따라 넉넉하게 채워 주실 줄 믿습니다.

우리 교회 주변의 많은 사람들에게 생명을 전염시키고 메마른 가슴에 예수 그리스도의 사랑을 불붙이는 기적의 현장에 남아 있는 사람들이 다 되게 해 주시옵소서. 이곳에서 자라나는 영아로부터 청년부에 이르기까지 모든 종들이 30세에 국무총리가 되고 30세에 왕이 된 요셉과 다윗 같은 준비하는 리더, 정복하는 리더, 지키는 리더로 쓰임 받게 하시고 기독교 신앙 터전의 최고봉이 되어지기를 간절히 기도합니다.

주여! 금년에도 많은 새 가족을 보내주셔서 그리스도 안에서 하나 되게 하심을 진정으로 감사드립니다. 온 교회가 아름다운 사랑과 희생과 눈물의 봉사로 서로를 격려하며 섬기게 하시고 역사를 뒤늦게 경험하는 사람이 아니라 역사를 창조하는 저희 모두가 되게 해 주시옵소서.

이제 수능시험 후 진학을 원하는 수험생들이 원하는 학교에 들어가는 좋은 결과가 있게 하시고, 고입 연합고사를 준비하는 수험생들 한 사람 한 사람 지켜주시옵소서. 또한 질병으로 입원 중에 있는 성도들 능력의 손으로 어루만져 건강을 회복시켜 주시옵소서.

대통령과 위정자들에게 은혜를 베풀어 주시옵소서. 권력과 부와 자기 자신을 위해 관심이 있는 자들 되지 않게 하시고 하나님의 음성을 빨리 알아듣는 믿음 있는 자들이 되어 이 나라와 민족을 정치 경제 사회 교육 문화 등 전반적인 면에서 윤택하게 만드는 이들이 되기를 간절히 기도합니다.

우리 목사님을 위해 기도합니다. 성령의 크신 힘과 육신의 강건함을 주시옵소서. 주여! 전쟁이 없으면 유명한 장군이 나올 수 없다는 말이 있는데, 이 큰 비전을 잘 감당하여 사랑에 결핍된 자, 침묵하고 왜곡하고 경쟁하는 수많은 사람들을 잘 돌아보아 한 시대 믿음의 큰 지도자로 울산과 이 민족과 열방을 책임지는 우리 목사님 되게 해 주시옵소서.

이 시간 준비된 말씀 선포하실 때에 꿈을 꾸며 환상을 보며 과거를 떠나 미래를 볼 수 있는 믿음 주시고, 우리가 즐거울 때 하나님은 우리에게 가까이와 속삭이시고 우리가 고통 가운데 있을 때에는 큰 소리로 외치시며 구원해 주실 줄 믿습니다.

이 모든 감사와 간구를 우리를 죄에서 구원하시고 다시 오실 우리구주 예수님의 이름으로 기도합니다. 아멘.

우리의 피난처 되시며 구원이 되시는 사랑의 하나님 아버지, 이 시간 하나님의 친백성들이 은혜의 보좌 앞에 올라와 몸과 마음과 정성을 다하여 예배드리오니 이 예배를 기쁘게 받아 주옵시고 하나님께는 영광이 되며, 이곳에 머리 숙인 저희 모두에게는 신령한 은혜와 위로와 평안을 주시옵소서.

지난 한 주간도 하나님의 말씀 앞에 자신을 낮추어 겸손과 낮아짐으로 덕을 세우는 삶보다 모든 죄의 본질이 되는 교만과 짝하여 입으로는 그리스도의 사랑을 말하면서도 몸으로는 참 그리스도인답게 살지 못한 허물을 십자가의 보혈로 정결하게 씻어 주시옵소서.

사랑의 주님! 금년에도 우리 교회가 크게 부흥하고 성장되기를 기도합니다. 많은 영혼이 구름떼처럼 하나님의 사랑의 자리로 돌아올 수 있도록 저희들의 손발을 사용하여 섬기며 복음을 전할 수 있게 해 주시옵소서.

주여! 돈의 부채보다 더 무서운 죄의 부채를 청산하고 생명 되시는 주님을 만나는 거룩한 구원의 역사가 이곳에서 날마다 더하게 해 주시옵소서. 수많은 뭇심령이 지난날 경험하지 못한 행복과 기쁨과 복을 누리며 소망 중에 주님 오실 때까지 믿음으로 살아가게 도와주시옵소서.

하나님 아버지, 여러 가지 질병으로 가정에서 병원에서 치료 중에 있는 자들과 정신적으로 억눌린 자들이 이 예배 중에 심령 심령마다 친히 찾아오셔서 영혼과 육신을 만져주심으로 깨끗하게 고침을 얻게 되기를 간절히 기도합니다.

다음 주일에는 어린이 초청 달란트 잔치기 있습니다. 한 영혼을 위하여 눈물과 땀으로 기도하고 애쓰며 준비한 이 잔치에 수많은 생명들을 보내어 주시옵소서.

이들이 하나님의 존귀한 자녀로 가정과 교회와 이 땅에 희망으로 크게 쓰임 받는 재목들이 되어 하나님의 영광을 보여주며, 믿음으로 이 땅을 차지하는 복의 사람이 다 되게 해 주시옵소서.

주여! 경제 불황으로 나라와 가정과 개인이 힘들어 하고 있습니다. 힘들고 어려운 고난을 끌어안아 잃어버린 것보다 아직 남아 있는 것을 인하여 감사하며, 어려운 환경에서 눈을 돌려 주님께로 가까이 가는 믿음과 용기를 주시옵소서.

이 나라 이 민족을 위기 때마다 구원해 주신 주님, 이 민족이 하나님의 은혜를 잊지 않게 하시고, 온 백성과 위정자들이 어둠의 권세를 떠나 열려 있는 영원한 구원자가 되시며, 복의 근원이 되시는 하나님을 믿고 의지하는 복 받는 나라가 되기를 간절히 기도합니다.

북한 땅과 백성을 불쌍히 여겨주시옵소서. 하나님의 말씀 앞에 악의 세력이 무너지게 하시고, 우리와 함께 복음을 나누는 은혜를 베풀어 주시옵소서.

예배당 건축을 시작하여 지금까지 인도하신 주님, 우리가 구하지 못한 것과 있어야 할 것을 미리 아시는 하나님께서 남은 공사 일정도 선한 길로 인도해 주시옵소서.

풍성한 재정도 허락하시고, 온 성도들이 부르짖고 간구하는 소원과 기도가 반드시 하나님의 보좌를 움직이는 놀라운 축복을 경험하게 될 줄 믿습니다.

기도와 물질로 동참한 주의 백성들의 가정과 개인과 사업에 넘치는 복을 주시오며, 그 자자손손이 요람에서 무덤까지 그 수를 다할 뿐만 아니라 이 땅을 크게 차지하는 복이 있게 해 주시옵소서.

이제 말씀을 선포하실 우리 목사님, 성령의 감화 감동하심과 신령한 능력을 주시옵소서. 시간마다 샘솟듯 하는 힘을 주시고, 특별히 이 사명 다하는 날까지 육신의 건강을 지켜 주시기를 간절히 기도합니다.

이 시간 목사님 말씀을 전하실 때 예배드리는 모든 성도들이 풍성한 은혜 받아 힘들고 어려운 고난이 있을지라도 하나님의 영광을 위한 과정임을 알고 엿새 동안 믿음으로 승리하는 삶을 살게 해 주시옵소서.

이 모든 감사와 간구를 사망을 이기시고 승리하신 우리구주 예수님 이름으로 간절히 기도합니다. 아멘.

어제나 오늘이나 영원토록 변함없이 우리를 사랑하시는 전능하신 하나님 아버지, 그 크신 은혜와 사랑을 진정으로 감사와 찬송과 영광을 돌려드립니다.

지난 한 주간도 하나님이 주신 은혜의 자리를 떠나 부패한 생각이 주는 그릇된 마음이 있었다면 이 시간 큰 은혜 받아 내 영혼을 어두움이 붙잡지 못하도록 깨어있게 하시고 구원받은 하나님의 백성으로 영적 자유를 누리게 해 주시옵소서.

하나님 아버지, 긴 밤 끝에는 밝은 새벽이 있음같이 예배당 건축을 시작하여 열악한 환경 가운데서도 온 교회가 기쁨으로 섬기며 헌신하게 하시고, 이 긴 시간 속에 우리의 온갖 구하는 것이나 생각하는 것에 주님 외면하지 않으시고 완공하기까지 인도해 주신 크신 은혜에 진심으로 감사를 드립니다. 이 은혜, 이 사랑에 날마다 감격하며 내 몫에 태인 십자가를 짊어짐으로 고난 후에 또 영광을 누리는 복을 넉넉하게 받게 될 줄 믿습니다.

하나님 아버지! 아담과 하와는 에덴동산의 이상적인 환경에서 타락하였으며, 아나니아와 삽비라는 성령의 불이 뜨겁게 타오르는 그때 타락하지 않았습니까? 우리 교회가 예배당을 잘 지은 이때에 사탄 마귀가 틈을 타 시험하는 일 조금도 없게 지켜 주시옵소서.

이제 이 지역과 사회에 큰 버팀목이 되어 존경받으며 부지런히 하나님의 성을 향해 힘써 달음질하며 은혜와 사랑이 있어 따뜻하고 질서가 분명하여 날마다 평안하며 든든히 서가는 복이 넘치는 우리 교회 되어지기를 간절히 기도합니다.

10월에 있을 총동원전도주일을 위해 우리 모두 축복의 산에 올라 부도덕한 도시를 경건의 성으로 바꾸는 일에 최선을 다하여 하나님의 명령인 복음을 전하여 이 지역과 이 민족과 열방을 변화시키는 선한 청지기의 사명을 잘 감당하게 해 주시옵소서.

하나님 아버지, 바울이 장차올 심판에 대하여 강론할 때에 베릭스가 두려워하여 자신을 죄에서 건질 하나님 대면하기를 회피하고 내가 틈을 얻으며 너를 부르리라 하였듯이 오늘날 더 많은 베릭스 같은 뭇 사람들은 죄는 알지만 두려워하지 않을 뿐 아니라 돌아오기를 거절하는 종말 시대를 살아가고 있습니다.

주여! 심판 때가 가까운 이때에 세상으로 나아가 담대히 복음을 전하여 저들의 양심에 하나님의 목소리가 들려지게 해주셔서 애통하며 회개하는 많은 영혼들이 생명 되시며 피난처 되시는 주께로 돌아오게 해 주시옵소서.

이제 시작되는 어린이여름성경학교와 청소년수련회와 단기선교를 통해 많은 종들이 하나님을 개인적으로 만나며 은혜 받아 한 시대를 책임지는 중심에 서는 인물들이 다 되어 하나님께 영광을 돌리는 일들이 많이 일어나게 해 주시옵소서.

이 시간, 목사님 말씀 선포하실 때에 성령의 도우심으로 상상을 초월한 영적 힘을 주셔서 이 회중에 감화 감동 충만한 능력의 역사가 있게 될 줄 믿습니다.

말씀에 큰 은혜 받아 각종 질병으로 치료 중에 있는 자들과 정신적으로 억눌린 자, 여러 가지 소원을 두고 기도하는 성도들의 간구가 응답되는 복된 시간이 되게 해 주시옵소서.

이 모든 감사와 간구를 우리를 죄에서 구원하시고 다시 오실 우리 구주 예수님 이름으로 간절히 기도합니다. 아멘.

영광 중에 계셔서 영원토록 경배와 찬양을 받으시기에 합당하신 하나님께 감사와 찬송과 영광을 올려드립니다.

지난 한 주간도 삶의 염려와 그릇된 생각 때문에 하나님이 주시는 영적인 부귀와 장래에 주실 영원한 그 나라에 소망을 잠시라도 잊고 살았다면 이 시간 큰 은혜 받아 새로운 믿음을 갖게 되는 복된 시간이 되게 해 주시옵소서.

하나님 아버지! 이 한 해가 또 저물어 갑니다. 금년에도 포도원 주인이 게으른 자를 안타깝게 기억하며, 또 기다리는 자 없게 하시고, 주님 주신 거룩한 터에서 열심히 일하는 선한 청지기 되어, 그리스도가 내 속에 살아있다는 산 증인들이 되기를 간절히 기도합니다.

주님! 나그네 순례자의 길에 환란과 곤고함과 여러 가지 질병과 신앙의 박해와 경제적 어려움인 기근이 쉴 날이 없는 이때에, 피난처 되시며 환란 날에 도움이 되시는 주께서 온 교회를 주님의 오른팔에 붙들어 피할 길을 주실 줄 믿습니다.

하나님 아버지! 우리 교회가 최선을 다해 전도하는 현장에 성령의 놀라운 역사가 나타나며 귀신이 쫓겨나며, 병든 자들이 자리를 들고 일어나는 사도행전 때의 기적과 역사가, 믿고 순종하는 무리와 복음

전하는 모든 자들에게 충만케 되기를 간절히 기도합니다.

주님! 사도바울 한 사람으로 말미암아 유럽 일대가 복음으로 변화되었듯이 이 지역과 열방이 우리 교회로 말미암아 하나님의 성으로 변화되게 하시고, 파송된 선교사와 돕는 교회들이 날마다 든든히 서가는 큰 은혜를 내려 주시옵소서.

이 나라 이 민족을 환란 때마다 지켜주시고, 이제 이 강산이 복음으로 말미암아 잘 살게 됨을 온 백성이 알게 하시고, 대통령과 위정자들에게 지혜를 주셔서 이 민족을 잘 돌아보아 복음으로 건강한 나라가 되는 큰 은혜를 주시옵소서.

이제 수능 시험 후 결과를 기다리는 수험생들마다 형통한 길로 인도해 주옵소서. 혹시라도 본인의 뜻에 맞지 않더라도 새로운 기회가 주어져, 보다 좋은 일이 있게 하시옵고 월계관을 쓰고도 쉬지 않는 놀라운 믿음의 사람들이 다 되기를 간절히 기도합니다.

이 시간도 병상에 있는 사랑하는 이들을, 주님 위로해 주시옵소서. 힘들고 어렵더라도 마음과 생각을 잘 지켜, 믿고 힘써 투병하여 속히 자리를 들고 일어나게 해 주시옵소서.

잠시 후 말씀 선포하실 목사님, 7배의 능력과 영권을 주시옵소서. 말씀에 은혜 받아 과거의 상처가 나음을 얻으며, 확실한 회개와 돌아섬이 있게 하시고, 육체적 정신적 영적으로 구김살이 없는 믿음과 건강을 회복하게 될 줄 믿습니다.

이 모든 감사와 간구를 우리 죄에서 구원하시고 다시 오실 우리 구주 예수님의 이름으로 기도합니다. 아멘.

우리의 생명 되시며, 기쁨이 되시며, 참 소망이 되시는 좋으신 하나님 아버지. 크신 은혜와 사랑을 진심으로 감사와 찬송과 영광을 돌려 드립니다. 지난 한 주간도 내 자신의 기준이 크게 자리 잡고 있어 환경에 따라 변하고, 때로는 하나님의 마음을 섭섭하게 할 때도 있었음을 고백합니다.

주여! 이 시간 영적으로 어두워진 눈을 밝게 해 주시옵소서. 세상의 무엇인가를 의지하고자 하는 욕구가 내 안에 있다면 은밀한 사탄의 유혹임을 알게 하시고, 잠시 쉬어가는 나그네의 삶을 사는 동안에 주님 아닌 것과 유혹의 손을 잡지 말아야 할 때를 바로 알아 돌아서는 결단력 있는 저희들 다 되게 해 주시옵소서.

죄에 자연스러워 지지 않게 하시고, 나의 삶이 늘 선한 것에 연결되어 있어 주님 영광을 높이 드러내는 생애가 되기를 간절히 기도를 드립니다.

주님! 우리의 마음에 하나님의 법이 자리 잡고 있어 악하고 험한 세파를 걸어갈 때도 우리 발에 등불이 되셔서 실족하지 않게 도와주시옵소서.

사랑의 주님, 인생의 실패는 기도의 실패에서 비롯된다는데 이 시간 말씀이 우리 영혼을 깨워주시고 교만과 열등감과 땅엣 것과 물질 때문에 마음 아파하는 모든 문제들을 하나님께 간절히 기도하고 아뢰어 해결함을 받을 수 있는 큰 은혜를 내려주시옵소서.

우리 교회를 사랑하시는 주님! 거룩한 주의 백성들로 가득가득 채워 주시옵소서. 하나님 사랑, 이웃 사랑인 계명을 잘 지켜 진정 그리스도의 향기가 되며, 선한 일꾼 되어 이 울산과 이 나라와 세계 열방을 그리스도의 품으로 돌아오게 하는 큰 믿음과 은혜 충만한 우리 교회 되게 해 주시옵소서.

주여! 갈급한 사슴이 시냇물을 찾음과 같이 수많은 뭇 영혼이 푸른 초장 쉴 만한 물가에서 갈급함을 면케 하시고 구원의 감격과 소망의 기쁨을 누리는 복을 받게 해 주시옵소서.

이 시간 말씀을 통하여 변함없이 늘 주시는 하나님의 위로와 병 고침과 잘되는 복과 고난의 자리에서 일어나는 은혜를 풍성하게 주실 줄 믿습니다.

목사님, 준비된 말씀에 하나님의 영이 크게 역사하셔서 이 회중에 흘러 넘쳐 감동과 위로와 격려와 고난으로부터 상처 입은 영혼마다 구원의 순간들을 깊이 느끼는 복된 시간 되게 해 주시옵소서.

이 모든 감사와 간구를 우리를 죄에서 구원하시고 다시 오실 우리 구주 예수님의 이름으로 간절히 기도합니다. 아멘.

우리의 반석이요, 요새시요, 피난처 되시는 하나님 아버지! 허물과 죄로 영원히 죽었던 우리를 값없이 구원해 주시고 하나님의 친백성 삼아주신 크신 은혜와 사랑을 진심으로 감사와 찬송과 영광을 올려드립니다.

지난 한 주간도 힘들고 어려운 시간들 속에서 하나님이 주신 은혜의 자리를 떠나 마음 아파했던 고난의 자리에 있었다면, 이 시간 예배를 통해서 생명의 법 아래로 인도해 주셔서 담대히 그리스도를 자랑하고 증거할 수 있는 믿음을 얻게 해 주시옵소서.

주님! 인생의 광야의 길에 각종 재난과 환란과 곤고함과 경제적인 어려움과 기근이 쉴 날이 없이 일어나고 있습니다. 우리의 보호자 되시며 평안과 치유와 능력이 되시는 주께서 우리의 삶을 선하게 인도해 주셔서 어려운 시험에 들지 않게 지켜 보호해 주시옵소서.

사랑의 주님, 온 교회가 하나님의 나라를 위해 복음을 전할 때에 성령의 놀라운 역사가 있게 하시고, 사탄 마귀가 물러가며 질병으로 고생하는 자들이 자리를 들고 일어나는 기적이 있게 해 주시옵소서. 복음을 전하는 입술마다 능력이 있게 하셔서 믿고 구원받는 무리가 우리 교회에 차고 넘치는 부흥이 날마다 더하게 될 줄 믿습니다.

우리 교회 영아부로부터 청년부에 이르기까지 모든 종들이 하나님의 선한 일꾼이 되어 진정 역사의 물줄기를 바르게 바꿀 수 있는 꼭 필요한 재목들과 한 시대에 변화의 주역들이 되어 요소요소에서 크게 쓰임 받는 존귀한 인물이 다 되기를 간절히 기도합니다.

이 나라와 이 민족을 긍휼히 여겨 주시옵소서. 이 나라가 겪고 있는 이념문제와 빈부의 양극화에서 오는 갈등과 화합을 위하여 온 백성들이 교만과 깊은 죄의 잠에서 깨어 일어나게 하시고 대통령에게 큰 믿음과 지혜를 주셔서 영적 싸움에서 이기며 악한 사탄이 틈타지 못하도록 지켜 보호해 주시옵소서.

세계 여러 나라에서 복음을 전하는 선교사들마다 건강과 안전을 지켜주시고 사역지마다 진리의 복음이 그 땅에 떨어질 때에 불꽃 같은 뜨거운 성령의 역사가 일어나게 될 줄 믿습니다.

우리 목사님, 주님 맡겨 주신 교회를 잘 돌아볼 수 있도록 갑절의 영감과 능력 위에 능력을 육신의 강건함을 날마다 더하여 주시옵소서. 하나님이 주신 비전을 위해 무릎이 강하게 하시고 큰 사랑과 물처럼 부드러운 선한 목자로 이 사명 다할 때까지 주의 오른 팔로 붙드시고 날마다 새 힘을 주시옵소서. 이 시간 준비된 말씀 선포하실 때에 온 회중이 큰 은혜 받아 병든 자가 낳음을 얻으며 정신적으로 눌린 자가 자유함을 얻으며 온 교회가 하나님의 좋은 군사로 이 땅, 닫혀진 죄의 여리고 성문을 여는 기적이 있게 해 주시옵소서.

이 모든 감사와 간구를 우리를 죄에서 구원해 주시고 다시 오실 우리 구주 예수님 이름으로 기도합니다. 아멘.

영광 중에 계셔서 어제나 오늘이나 영원토록 우리와 함께하시는 전능하신 하나님 아버지, 크신 은혜와 사랑을 진정으로 감사와 찬송과 영광을 올려드립니다. 이 회중에 성령 하나님이 친히 임재하셔서 우리의 예배를 기쁘게 받아주시고 우리에게는 넘치는 은혜의 시간이 되게 해 주시옵소서.

지난 한 주간도 하나님의 품과 사랑의 자리를 떠나 죄악에 미혹된 흔적이 있었다면 이 시간 위로부터 주시는 신령한 은혜 받아 성령의 포로가 되어 무거운 죄의 짐을 주님 상하신 발 앞에 내려놓는 복된 시간이 되게 해 주시옵소서.

사랑의 주님! 땀 흘린 수고 후에 참된 안식과 기쁨이 주어지듯이 우리에게 주어진 사명과 내 몫에 맡겨진 고난의 십자가 없이는 영광과 면류관이 없음을 알고 하나님이 맡겨준 몸된 교회를 겸손하게 섬길 때에 복음의 능력이 우리가 밟는 모든 땅에 흘러 넘쳐 울산과 이 민족과 열방을 위해 크게 쓰임 받는 우리 교회 될 줄 믿습니다.

하나님 아버지! 금년에도 우리 교회가 크게 부흥하고 성장되기를 간구합니다. 이 울산 땅에 많은 영혼들이 저희 교회 성도들을 통해 생명되시는 주님을 만나는 거룩한 구원의 불길이 날마다 더하게 해 주시옵소서. 수많은 생명들이 주께 돌아와 지난날 깨닫지 못한 행복과 기쁨과 축복을 누리며 소망 중에 믿음으로 살게 도와주시옵소서.

이 나라 이 민족을 위기 때마다 지켜주신 주님, 힘들고 어려운 때가 속히 회복되게 하시고 위정자들이 선하고 정직한 마음을 가지게 하셔서 하나님을 두려워하며 이 백성을 잘 돌아볼 수 있는 지혜로운 자들이 되기를 간절히 기도합니다.

저 북한 땅을 불쌍히 여겨주시옵소서. 악의 세력이 복음으로 회복되게 하시고 평화가 임하는 기적의 역사가 있게 해 주시옵소서.

세계 여러 나라에서 복음을 위해 생명을 아끼지 아니하고 헌신하는 선교사들의 안전과 건강을 지켜주시고 사역지마다 진리의 복음이 반드시 그 땅을 차지하는 성령의 역사가 있게 해 주시옵소서.

이 시간 목사님 말씀 선포하실 때에 감동과 위로와 구원의 기쁨을 누리게 하시고 하나님과 깊은 사랑에 빠지는 크신 은혜를 내려 주시옵소서.

특별히 질병으로 투병 중에 있는 자와 정신적으로 억눌린 자와 여러 가지 소원을 두고 기도하는 모든 간구가 주님의 뜻 안에서 이루어지는 복된 시간이 되기를 원하오며 이 모든 감사와 간구를 우리를 죄에서 구원하시고 다시 오실 우리 구주 예수님 이름으로 간절히 기도합니다. 아멘.

순례자의 길에 우리의 힘이 되시며 능력이 되시는 하나님 아버지,

지난 한 주간도 지구촌 곳곳마다 재난과 환란이 많은 가운데서 우리를 주님 곁에 있게 하시고, 구속받은 주의 백성들 은혜의 보좌 앞으로 인도해 주셔서 거룩하신 주님을 만나며 기쁨으로 예배하게 하시니 진정으로 감사와 찬송과 영광을 돌려드립니다.

우리가 믿고 구하는 것보다 더 넉넉하게 하시는 주님!

이 회중에 친히 임재하셔서 세상 근심과 걱정에 얽매인 무거운 짐을 주님 맡아 주시고 구원의 주님을 찾고 간절히 부르짖는 기도의 소원을 들어 주시옵소서.

하나님이 주신 우리의 영혼과 육신을 살펴보시고 그릇되고 죄악에 물든 흔적이 있다면 십자가의 보혈로 정결하게 씻어 주시옵소서.

우리의 영과 육이 세상 염려로 어두워져 있다면 신령한 영의 양식으로 채워 주셔서 상한 마음이 치유되어 온전한 생각을 할 수 있도록 영을 맑게 해 주시옵소서.

하나님 아버지, 이제 주님 오실 날이 가까운 이때에 악한 이단의 거짓 교리와 복음을 빙자한 유혹에 넘어지는 자 없도록 지켜주시옵소서. 날마다 선한 일에 뜻을 품으며 거룩함을 사모하므로 마음에서 일어나

는 육의 정욕을 이기고 믿음으로 승리할 수 있도록 은혜를 물 붓듯 부어주시옵소서.

주님! 여러 가지 염려와 근심, 걱정 마음의 무거운 짐을 아직도 내려놓지 못하고 있다면 이 시간 큰 은혜 받아 담대히 내려놓는 결단의 시간이 되게 하시옵고 세상이 줄 수 없는 하늘의 평안을 맛볼 수 있도록 도와주시옵소서.

여름성경학교와 수련회가 온 성도들이 기도하는 가운데 진행 중에 있습니다. 애쓰며 수고하는 모든 이들마다 주님의 넉넉한 위로와 넘치는 은혜 주셔서 잘 감당하여 기쁨이 충만하게 하옵소서. 이 기간 동안 시험되는 일 없게 하시고 좋은 일기도 주셔서 많은 생명들이 하나님의 인격학교에서 그 과정을 아름답게 마친 요셉과 같은 존귀한 인물들이 다 되게 해 주시옵소서.

이 시간 우리 목사님 능력의 장중에 붙들어 주셔서 준비된 말씀 선포하실 때에 하나님의 영이 크게 역사하셔서, 감동과 회개와 위로의 말씀이 되어 구원의 기쁨을 얻으며 육신의 질병이 치유되며 죄에서 자유함을 얻는 복된 시간 되게 해 주시옵소서.

이 모든 감사와 간구를 우리를 하나님의 거룩한 백성 되게 하시고 다시 오실 예수님 이름으로 간절히 기도합니다. 아멘.

하나님 아버지!

이 땅은 하루가 다르게 재난과 기근과 전쟁으로 시시각각으로 변해 가는 어려운 환경 가운데서도 하나님을 향한 우리의 마음 변치 않게 하시고, 오늘도 복된 은혜의 자리에 인도해 주신 하나님의 크신 은혜와 사랑을 진정으로 감사와 찬송과 영광을 돌려드립니다.

사랑의 주님, 이 예배에 친히 임재하셔서 우리의 예배를 기쁘게 받아주시고 하나님께는 영광이 되며 우리 모두에게는 큰 위로와 소망의 시간이 되게 해 주시옵소서.

주님! 지난 한 해도 우리는 하나님이 주신 특별한 은혜와 사랑과 복을 받고 여기까지 왔음을 고백합니다. 그러나 부패한 생각이 주는 그릇된 마음이 하나님의 마음을 아프게 하였다면 이 시간 우리의 허물과 죄를 깨끗하고 정결하게 씻어주시옵소서.

주님, 다시는 우리의 영혼에 어두움이 들어와 주님의 마음을 아프게 하지 못하도록 성령께서 지켜주시고 하나님의 친백성으로 영적 자유를 누리며 승리하는 한 해가 되게 해 주시옵소서.

새해에는 우리 교회가 "모든 사람에게 예수 그리스도를", "모든 사람을 그리스도의 사람으로"라는 비전 아래, 힘써 주를 잘 섬김으로, 부도덕한 이 땅이 경건의 도시가 되며 성령의 강한 역사로 하여금 이 땅에 그리스도의 푸른 계절이 속히 오게 될 줄 믿습니다.

특별히 우리 교회 연로한 분들 그 수가 다하도록 건강을 지켜주시고 자라나는 자녀들이 하나님의 말씀으로 토대를 삼고 좋은 학문을 배워 이 땅을 차지하며 한 시대에 각 분야에 최고봉의 자리를 차지하여 하나님께 영광을 돌리고 사람들에게 많은 유익을 줄 수 있는 믿음의 사람들이 되게 해 주시옵소서.

주님, 이 지역과 나라와 열방을 위하여 우리 교회를 여기에 세우셨사오니 우리의 기도를 들으시고 우리가 밟고 복음을 전하는 땅마다 여리고 성이 무너지듯이 우상과 사탄의 진들이 다 무너지며, 하나님의 성으로 변화되는 능력을 경험하는 한 해가 되게 해 주시옵소서.

특별히 이 나라 이 민족 위에 긍휼을 베풀어 주셔서 하나님을 사랑하고 두려워하는 민족이 되기를 원합니다. 불의와 무질서, 부정과 부패가 만연한 이때에 모든 위정자들과 백성이 위선과 거짓을 버리고 정직과 진실과 섬김이 있게 하시고 온 백성이 신뢰하는 따뜻한 나라가 되게 해 주시옵소서.

또한, 저 북한 땅에도 속히 신앙의 자유를 허락하셔서 많은 백성이 하나님을 예배하며 저주받은 땅이 기름진 땅이 되게 하시고 속히 평화의 땅이 되게 해 주시옵소서.

온세계의 많은 나라에 파송된 선교사들을 불 말과 불 병거로 지켜주시고 섬기는 지역마다 복음이 강물같이 흘러 그 땅을 적시는 역사가 있게 도와주시옵소서.

병상에서 고통 중에 있는 사랑하는 이들, 주님께서 기억하시고 보혈

의 피로 깨끗이 씻어주심으로 고난의 자리에서 반드시 일어나는 기적
이 있게 될 줄 믿습니다.

이제, 목사님께서 말씀을 선포하실 때에 능력의 장중에 세워주시고
영적 힘을 주셔서 고난으로부터 상처받은 영혼들이 새 힘을 얻으며 신
령한 기쁨을 회복하는 복된 시간 되게 해 주시옵소서.

이 모든 감사와 간구를 우리를 하나님의 거룩한 백성 되게 하시고
다시 오실 예수님 이름으로 간절히 기도합니다.

아멘.

우리의 힘과 능력이 되시며 참 생명이 되시는 하나님 아버지,

오늘도 거룩하고 복된 주의 날을 주셔서 구원받은 주의 백성들이 은혜의 보좌 앞에 나아와 하나님 아버지께 감사와 찬송과 영광을 올려드립니다. 우리의 예배를 기쁘게 받아주시고 우리 모두에게는 큰 은혜가 충만한 복된 시간이 되게 해 주시옵소서.

지난 한 주간도 세상이 줄 수 없는 크신 은혜와 신령한 기쁨을 주셨는데, 우리의 심령은 완악하고 부패한 성품이 있어서 여러 가지 유혹에 자유롭지 못하였던 허물과 죄를 용서해 주시고 이 예배를 통해서 우리의 영과 육이 크게 회복되어질 수 있도록 성령 하나님이 친히 이 회중에 역사해 주시옵소서.

사랑의 주님! 주님 오실 날이 가까운 때가 되어 복음을 빙자한 사이비 이단 종파가 여기 저기에서 일어나 참 진리인 양 믿는 자를 유혹하고 있습니다. 이러한 때에 우리 교회가 늘 깨어 있어 모든 사람에게 예수 그리스도를 전하고, 모든 사람을 그리스도의 사람으로 잘 키워내는 성령 충만한 교회되기를 간절히 기도를 드립니다.

아버지! 울산 땅과 우리 교회 주변에는 우상숭배와 사탄을 섬기는 자들이 많이 있습니다. 참으로 불쌍한 영혼들을 위하여 우리 교회가

저들의 피난처가 되게 하시고 숨겨진 죄를 뉘우치는 비밀이 보장된 이 구원의 동산에서 많은 심령들이 생명의 샘물을 마시며 참된 평안과 안식을 얻게 도와주시옵소서.

이 시간 우리의 간절한 예배와 기도의 소원이 하나님의 보좌를 움직이는 능력이 있어 병든 자가 일어나며, 영적으로 힘들어 하는 심령이 회복되게 하시고, 고달픈 나그네 인생길에 새로운 소망과 위로를 받으며 이 땅의 삶 속에서 내려놓지 못한 무거운 짐들을 주님 앞에 내려놓는 결단의 시간이 되게 해 주시옵소서.

특별히 연로하신 분들과 몸이 불편한 이들, 주여, 건강을 지켜주시고 주님 앞에 서는 그날까지 날마다 때마다 하나님의 은혜로 그 수가 다하도록 믿음을 잘 지키며 소망 중에 기쁨으로 지낼 수 있게 해 주시옵소서.

이 나라 이 민족을 불쌍히 여겨 주시옵소서. 이 민족의 살 길과 구원받는 길은 하나님의 손길밖에 없음을 온 백성이 알게 하시고 모든 위정자들이 불의의 재물과 권력보다 진정 나라와 백성을 사랑하는 자들이 다 되게 해 주시옵소서.

열방에 파송된 선교사들의 선교 현장마다 불 말과 불 병거로 지켜주시고 복음이 그 땅을 차지하는 큰 역사가 있게 해 주시옵소서.

이제 목사님 말씀 선포하실 때에 주의 능력의 장중에 세우시고 주시는 말씀이 이 회중에 충만하여 온 교회가 새 힘을 얻으며 또 엿새 동안 믿음으로 승리할 수 있게 도와주시옵소서.

이 모든 감사와 간구를 우리를 죄에서 구원하시고 다시 오실 우리 구주 예수님 이름으로 간절히 기도합니다. 아멘.

길이요 진리요 참 생명이 되시는 좋으신 하나님. 오늘도 복된 주의 날을 주셔서 하나님의 친백성들을 구원의 동산에 불러 주셨사오니 이 시간 성부 성자 성령, 삼위 하나님이 이곳에 임재하셔서 우리의 예배를 기쁘게 받아주시고 하나님께는 영광이요 우리 모두에게는 위로와 소망과 기쁨이 충만한 시간이 되게 해 주시옵소서.

지난 한 주간도 삶의 염려와 세상의 여러 가지 유혹 때문에 하나님이 주시는 영적 부귀와 장래에 주실 영원한 그 나라의 소망을 잠시라도 잊고 살았다면 이 시간 말씀에 은혜 받아 새로운 믿음이 회복되어지는 복된 시간이 되게 해 주시옵소서.

사랑의 하나님, 누구든지 주의 이름을 부르는 자는 구원을 얻으리라고 약속하신 주께서 이 예배에 함께해 주셔서 고개 숙인 모든 이들의 혼과 영과 육을 보혈의 피로 씻어 정결하게 하시고, 잠시 세상 염려를 내려놓고 거룩하신 하나님의 음성을 들을 수 있는 복된 시간이 되게 도와주시옵소서.

오늘 처음으로 오신 이들이 진정 내가 누구인지, 사후에는 내 영혼이 어디로 갈 것인지, 불확실한 생각에 매여서 지내왔다면 이 시간 성령 하나님의 도우심으로 생명 되시며 구원자 되시는 주님을 영접하여 새로운 기쁨과 행복을 누릴 수 있게 되기를 간절히 기도드립니다.

또한 그 이름이 하나님의 생명책에 기록되는 놀라운 복을 받게 될 줄 믿습니다.

특별히 이 나라 이 민족 위에 긍휼을 베풀어 주셔서 하나님을 사랑하고 두려워하는 민족이 되게 하시고 불의와 무질서, 부정부패가 없는 이 나라가 되기를 간절히 기도합니다. 앞으로 있을 대선에도 하나님 마음에 합한 지도자를 세워주시옵소서.

수능 시험 후 결과를 기다리는 수험생들마다 하나님이 원하시는 가장 좋은 길로 인도해 주시고, 혹시라도 본인의 뜻에 맞지 않더라도 새로운 기회가 주어져 보다 좋은 일이 있도록 인도해 주셔서 이들이 한 시대를 주도하는 귀한 믿음의 사람들이 다 되게 해 주시옵소서.

잠시 후 하나님의 말씀을 선포하실 목사님께 크신 능력과 권세를 주셔서 말씀이 회중에게 충만하여 과거의 상처가 나음을 얻으며, 확실한 깨달음과 돌아섬이 있게 하시고 육체적 정신적 영적으로 구김살이 없는 믿음과 건강을 회복하게 도와주시옵소서.

이 모든 간구를 우리를 죄에서 구원하시고 다시 오실 우리 구주 예수님의 이름으로 간절히 기도합니다. 아멘.

우리의 소망이 되시며 참 생명이 되시는 사랑의 하나님 아버지!

허물 많은 우리를 값없이 구원해 주시고 친백성 삼아주신 주님께 감사와 찬송과 영광을 올려드립니다. 지난 한 주간도 우리를 구름기둥과 불기둥으로 인도하시고 오늘 거룩한 주님의 날을 주셔서 은혜의 동산에 올라와 하나님을 예배하게 하심을 진정으로 감사를 드립니다.

한 주간도 자신을 위해서 부지런히 살았지만 영원한 그 나라를 사모하지 아니한 마음을 살펴주셔서 회개하며 주님 곁에 가까이 가는 은혜의 시간이 되게 해 주시옵소서. 이 시간 말씀 앞에 우리가 흘리는 눈물이 있게 하시고 시대를 향하여 울고 통곡하며 언젠가 그날에는 하늘에서 주인같이 살 수 있다는 소망과 기쁨이 회복되게 해 주시옵소서.

하나님 아버지! 주님을 섬기는 일에 영웅적인 헌신이 아닌 진실하게 작은 일에 큰 사랑으로 섬겨 하나님의 뜻이 이루어지는 넉넉한 믿음을 회복시켜 주시기를 간절히 기도를 드립니다.

주여! 우리 속에 오염된 세속적인 것이 자리 잡고 있다면 이 시간에 깨끗하게 씻음을 받아 날마다 하나님 편에 서서 당당하게 복음을 전하는 우리 모두가 되기를 간절히 소원합니다.

하나님 아버지! 오늘의 교회가 권력과 사회악에 대한 안일한 마음을 가지고 시간과 세월을 보내는 것은 분명 그리스도인의 사치스런 신앙관이 될 수밖에 없음을 깨닫게 하시고 다시금 영적으로 변화되어 하나님의 영토를 넓히는 거룩한 땅 밟기를 잘하는 사랑받는 주님의 제자되기를 기도를 드립니다.

이 나라 위정자들을 불쌍히 여겨 주시옵소서. 백성들을 위하는 마음이 없고 정치적인 사다리를 잘 밟고 올라서려고 하는 부정한 사람들이 어떻게 나라를 다스리는 자로 자리를 지키고 있는지, 주여! 진정 하나님을 두려워하는 저들이 되도록 강권적으로 역사해 주시옵소서.

하나님 아버지! 빈 자루가 속이 차지 아니하면 똑바로 설 수가 없듯이 우리 속에 주님을 향한 깊은 사랑과 교회를 섬기는 애정이 없다면 이 땅 이 민족이 바로 설 수 있겠습니까? 하나님 편에 당당하게 서서 복음의 전달자가 되도록 크신 은혜를 내려 주시옵소서. 주님은 자신을 팔아넘긴 가룟 유다의 발을 씻겨 주셨는데 우리는 편을 가르고 담을 쌓고 미워하고 질투하는 잘못되어진 삶을 살지는 않았는지요. 속과 겉이 다른 마음이 있다면 이 시간 말씀을 통해 치유 받게 해 주시옵소서.

하나님 아버지, 순종을 배우지 못한 사람은 좋은 명령자가 될 수 없다는데, 교회를 섬기는 지도자들이 의식이나 법보다 중요한 순종함과 또한 정직하게 믿음을 잘 지켜서 죄악 된 이 땅에 복음의 명령자로 서게 도와주시옵소서.

이제 목사님, 능력의 장중에 붙들어 주셔서 말씀이 선포되어질 때에 회개의 자리가 되게 하시고 병든 자가 회복되어지며 여러 가지 갈등에 사로 집힌 자가 다시 일어나는 큰 은혜를 주시옵소서.

우리 구주 예수님의 이름으로 간절히 기도합니다. 아멘.

전능하신 하나님 아버지, 하나님의 특별하신 은혜로 우리를 사망에서 생명으로 인도하여 영원한 자유를 누리며 살 수 있도록 여기까지 함께하신 크신 은혜와 사랑을 감사드리며 찬송과 영광을 돌려드립니다.

지난 한 주간도 삶의 염려와 세상의 여러 가지 헛된 유혹으로 하나님을 사랑하는 마음보다 자신의 욕망을 채우려했던 흔적들이 있다면 우리의 영혼과 육신을 주님의 보혈의 피로 씻어 정결하게 하시고 오늘 이 예배 중에 거룩하신 하나님의 음성을 듣는 복된 시간이 되게 도와 주시옵소서.

주여! 이 시간 성령 하나님의 임재하심과 역사하심으로 참 생명 되시며 구원자 되시는 주님을 내 심령에 영접하여 삶에 얽매인 무거운 짐을 주님께 내려놓고 기쁨과 소망을 가슴에 품고 돌아가는 복된 시간 되기를 간절히 기도를 드립니다.

하나님 아버지, 우리 교회 연로한 분들 그 수가 다하도록 예배를 드리러 교회를 오르내리는데 어려움이 없도록 건강을 지켜주시고 밝고 빛난 영원한 본향을 날마다 사모하며 믿음을 잘 지키며 살게 해 주시옵소서.

우리 교회에서 자라나는 다음세대들도 믿음 안에서 성장하며 가장 좋은 학문을 배워 열방과 이 민족의 중심에 서는 인물들이 되게 하시고 한 시대에 각 분야에서 최고봉의 자리를 자치하여 주님께 영광을 돌리고 많은 사람들에게 유익을 주는 믿음의 사람들이 되기를 간절히 기도를 드립니다.

특별히 이 울산 땅과 민족과 열방을 위하여 우리 교회가 크게 쓰임 받게 하시고 우리가 기도하고 복음 전하는 땅마다 여리고 성이 무너지듯이 우상과 사탄의 진들이 무너지며 하나님의 성으로 변화되는 역사가 일어나게 될 줄 믿습니다.

주여! 이 나라 이 민족을 불쌍히 여겨 주시옵소서. 하나님의 견고한 성벽이 이 땅을 지켜주시고 위정자들과 온 백성들이 하나님을 두려워하며 불의와 무질서 부정부패가 없는 나라 온 백성이 신뢰하는 따뜻하고 건강한 나라가 되게 해 주시옵소서.

북한 땅을 살피시사 하루 속히 저 북방 냉토에도 성령의 계절이 와서 평화를 누리며 신앙의 자유를 마음껏 누리게 해 주시옵소서. 하나님께서만 나뉘어진 민족을 하나가 되게 하실 수 있습니다. 세대가 모두 바뀌기 전에 복음으로 하나가 되게 하여 주시옵소서.

그리고 세계 더 많은 열방에 선교사를 보내고 그들을 통하여 하나님을 모르는 백성들이 주님께로 돌아올 수 있게 해 주시옵소서. 파송된 선교사와 가족들의 신변을 지켜주시고 풍토가 다르고 언어가 달라도 하나님을 전할 때에 복음이 강 같이 흘러 그 땅들을 적시는 은혜가 있게 해 주시옵소서.

병상에서 치료 중에 있는 사랑하는 이들, 치료의 하나님께서 주님

보혈의 피로 깨끗하게 씻어 주셔서 고난의 자리에서 반드시 일어나는 기적이 있게 도와주시옵소서.

우리 목사님, 말씀 선포하실 때에 능력의 장중에 세우셔서 고난으로부터 상처받은 심령들이 다시금 신령한 기쁨을 회복하는 복된 시간 되게 하시고 오랫동안 은혜를 사모하며 기도한 송솔나무 집사님, 이 시간 주님의 귀하신 팔로 붙드시사 간증을 통해 큰 은혜가 임하게 하옵소서.

이 모든 간구를 우리를 죄에서 구원하시고 다시 오실 우리 구주 예수님의 이름으로 간절히 기도합니다. 아멘.

영광 중에 계셔서 영원토록 경배와 찬양을 받으시기에 합당하신 거룩하신 하나님 아버지, 이 회중에 임재하셔서 우리의 예배를 기쁘게 받아 주시고 하나님께는 영광이 되며 우리 모두에게는 큰 은혜와 기쁨이 충만한 시간되게 해 주시옵소서.

주님, 오늘날 이 땅을 살아가는 사람들의 정신세계가 빈약해져가고 경제논리가 윤리와 도덕보다 우선 되어지는 이때에 우리 교회는 참된 가치관을 가지고 우리의 본분인 믿음을 잘 지켜 맡겨진 제자의 사명을 잘 감당하는 생명력이 넘치는 교회가 되게 해 주시옵소서.

사랑의 주님! 바울 사도는 예수 믿고 오랜 세월이 흐른 후 에베소서를 기록하면서 '모든 성도 중에 지극히 작은 자보다 더 작다'고 고백하였는데 이 시대를 살아가는 우리에게도 이런 겸손과 낮아짐의 고백이 있게 하시고 세상에 빛과 소금으로 자리를 잘 지킬 뿐만 아니라 늘 복음과 화목하여 영적으로 건강한 교회가 되게 해 주시옵소서.

주님! 금번 63회 교단 총회가, 옥중에서 순교의 재물로 세워진 고신의 정체성이 회복되는 성총회가 되게 하시고 1,800교회와 40만 성도들의 부르짖는 간구를 들어주셔서 고신대학교, 송도 복음병원, 천안 신학대학원이 날로 날로 성장하여 복음의 전초기지 역할을 잘 감당하게 해 주시옵소서.

주여! 육신의 질병과 정신적으로 힘들어 하는 이들, 주님의 보혈의 피로 깨끗하게 씻어주셔서 고난의 자리에서 반드시 일어나게 하시고 경제적으로 어려운 이들과 나만이 알고 있는 여러 가지 문제까지도 이 시간 응답받는 복된 시간이 되기를 간절히 기도를 드립니다.

하나님 아버지! 이 나라 이 민족을 불쌍히 여겨 주시옵소서. 하나님의 불말과 불병거들이 이 땅을 지켜 주시고 대통령과 위정자들과 온 백성들이 하나님을 두려워하며 부정과 부패가 없는 나라, 온 백성이 서로 신뢰하는 건강하고 행복한 나라가 되게 해 주시옵소서. 저 북한 땅에도 속히 성령의 계절을 주셔서 평화로운 가운데 신앙의 자유를 누리게 도와주시옵소서.

열방에 파송된 선교사들의 안전과 건강을 지켜주시고 복음이 날로 날로 그 땅들을 차지하는 부흥의 역사가 있게 될 줄 믿습니다.

금번 아일랜드 선교지에 간 목사님과 선교팀 위에 하나님이 동행하셔서 좋은 열매들이 있게 하시고 무사히 여정을 잘 마치고 귀국하게 도와주시옵소서.

오늘 주일은 우리 교회를 개척하시고 눈물과 땀과 기도로 여생을 바친 원로목사님을 보내 주셨사오니, 이 시간 주의 영이 목사님을 오른 장중에 세우셔서 말씀을 전하실 때에 치유와 회복이 있는 능력의 말씀이 선포되게 하시고 목사님과 사모님, 남은 여생을 존귀하게 보낼 수 있도록 이전보다 더 나은 건강을 주시옵소서.

이 모든 간구를 우리를 죄에서 구원하시고 다시 오실 우리 구주 예수님의 이름으로 간절히 기도합니다. 아멘.

영광의 보좌에서 영원무궁토록 찬송과 경배를 받으시기에 합당하신 하나님 아버지, 이 시간 이 회중에 임재하셔서 우리의 예배를 기쁘게 받아주시고 주께는 영광이 되며 우리에게는 큰 은혜의 시간이 되게 해 주시옵소서.

주님! 지난 한 주간도 모든 악과 부정한 유혹에 끌리는 마음과 욕구가 있었다면 이 시간 예배를 통하여 연약해진 우리의 영과 육이 새 힘을 얻게 하시고 담대한 믿음과 정결한 영으로 새롭게 하옵소서.

하나님 아버지, 결단코 그릇된 것과는 타협하거나 화목하지 않게 하시고 우리의 생활과 삶이 늘 선한 것에 연결되어 있어 하나님의 영광을 높이 드러내는 믿음이 부요한 하나님의 백성들이 되기를 간절히 기도를 드립니다.

우리 교회를 사랑하시고 여기까지 인도하신 주님! 모든 사람에게 예수 그리스도를, 모든 사람을 그리스도의 사람으로 가득가득 채워주시옵소서.

이 한 해도 내 몫에 태인 십자가를 묵묵히 기쁨으로 짊어지고 가게 하시고 복음과 늘 화목함으로 이 울산과 이 나라와 세계 열방을 그리스도의 품으로 돌아오게 하는 믿음과 은혜 충만한 우리 교회 되게 도와주시옵소서.

주여, 우리 교회 태아로부터 연로한 분들에 이르기까지 눈동자같이 지켜 주셔서 결단코 벼랑 끝에 서는 자 없게 하시고 때마다 일마다 하나님의 눈길이 우리 모두에게 멈추는 복된 한 해가 되기를 간절히 기도를 드립니다.

이 나라 이 민족을 불쌍히 여겨주옵소서. 소돔과 고모라 성은 죄로 잠든 도시요 이 성을 깨우는 자가 없어 멸망하였는데 특별히 하나님을 두려워하며 영혼이 맑은 주의 백성들이 이 민족을 깨우게 하시고 어둠의 권세가 틈타지 못하도록 주님께서 이 땅을 보호하시고 지켜 주시옵소서.

열방에 흩어져 복음을 전하는 선교사들의 가정과 건강과 안전을 지켜 주시고 풍토가 다르고 언어가 달라도 복음을 전할 때에 말씀이 그 땅을 차지할 뿐 아니라 구원받는 자가 날마다 더해 가는 놀라운 부흥의 불길이 일어나기를 간절히 기도를 드립니다.

이 시간 말씀을 통하여 변함없이 늘 주시는 하나님의 한량없는 위로와 각종 질병에서 고침을 받게 하시고 범사가 잘되는 복과 고난의 자리에서 일어나는 은혜를 풍성하게 얻게 될 줄 확실히 믿습니다.

목사님, 준비된 말씀에 하님의 영이 크게 역사하셔서 이 회중에 흘러넘쳐 감동과 위로와 격려와 고난으로부터 상처 입은 영혼이 크게 회복되는 복된 시간 되게 해 주시옵소서.

이 모든 감사와 간구를 우리를 죄에서 구원하시고 다시 오실 우리 구주 예수님의 이름으로 간절히 기도합니다. 아멘.

우리의 소망이 되시며 생명이 되시는 하나님 아버지,

삶에 분주했던 우리를 여기까지 인도해 주시고 오늘 거룩하고 복된 주의 날에 은혜의 보좌 앞으로 불러주신 크신 사랑을 진정으로 감사와 찬송과 영광을 돌려드립니다.

지난 한 주간도 세상 삶에 치우쳐, 수제자 베드로가 작은 여종 앞에서 주님을 부인한 것과 같이 하나님의 사랑의 자리를 떠나서 나약하고 교만했던 마음이 있었다면 용서해 주시고, 이 예배 중에 다시금 은혜 받고 믿음으로 살기로 다짐하는 복된 시간이 되게 해 주시옵소서.

하나님 아버지, 우리 교회 모든 가정 가정마다 하나님의 은혜로 견고한 믿음의 성읍들이 되게 해 주시고, 주님 오실 날이 가까운 종말 시대를 살아가는 이때에 깨어 있어 사탄의 유혹을 이기게 하시고, 일마다 때마다 우리를 생명의 법 아래로 인도하시고 지켜 주시옵소서.

이제 곧 수련회와 성경학교가 시작되는데 어린아이로부터 청년들에 이르기까지 수련회를 통하여 하나님을 만나는 귀한 계기가 될 수 있도록 은혜를 내려주시고 이를 위해 수고할 모든 이들, 주여! 세상이 줄 수 없는 하늘의 위로와 기쁨과 또한 수고 후에 주시는 하나님의 복을 경험하는 기회가 되게 해 주시옵소서.

특별히 우리 교회에서 자라나는 다음세대들, 육신의 부모와 하나님으로부터 사랑을 받고 채색 옷을 입은 요셉이 믿음의 꿈을 꾸는 자가 된 것같이, 이들이 온 교회의 기도와 사랑을 받아 환상을 보며 꿈을 꾸는 자들이 되어 한 시대에 지구촌 요소요소에서 중심에 서는 큰 인물들이 되게 해 주시옵소서.

하나님 아버지, 우리 교회 등록한 모든 이들이 세상 풍습과 이 땅의 즐거움을 내려놓고 하늘의 시민으로서 삶이 그칠 때까지 앞으로 나타날 영광을 내다보며 주님의 은혜 안에서 믿음을 잘 지킬 수 있도록 선한 길로 인도해 주시옵소서.

이 나라 이 민족을 불쌍히 여겨 주시옵소서. 여러 가지 재난과 이념의 골이 깊어져 가고 있습니다. 이 땅을 주께서 살펴주셔서 속히 모든 문제와 갈등이 회복되게 하시고 대통령과 위정자들이 하나님 앞에서 선하고 정직한 마음으로 백성을 잘 돌볼 수 있는 지혜로운 이들이 되게 도와주시옵소서.

저 북한 땅에도 복음이 흘러 넘쳐 강퍅한 사람들이 하나님의 사랑을 알게 하시고 하나님의 특별한 은혜인 구원을 베풀어 주셔서 마음껏 신앙의 자유를 누릴 뿐만 아니라 속히 평화가 그 땅에 임할 수 있게 해 주시옵소서.

열방에 파송된 선교사들의 가정마다 안전과 건강을 지켜주시고 믿음을 더하게 하시고 사역지마다 진리의 복음을 전할 때 믿지 않는 많은 백성들이 주님께로 돌아올 수 있게 하시고, 복음으로 인하여 그 땅에 큰 은혜가 있게 되기를 간절히 기도를 드립니다.

우리 목사님 남방 왕 요시아와 히스기야 같은 지도력을 더해 주시고 완악하고 패역한 이 시대를 그리스도의 사랑으로 끌어안아 삶에 지치고 고달픈 사람들의 위로자로 질병으로 고통 받는 자들에게 치유의 능력을 더해 주시고, 날마다 거룩함과 영권을 늘 충만하게 해 주시옵소서. 이 시간 하나님의 말씀을 선포하실 때에 큰 은혜와 위로의 말씀이 온 회중에게 충만하게 될 줄 믿습니다.

이 모든 감사와 간구를 우리를 죄에서 구원하시고 다시 오실 우리 구주 예수님의 이름으로 간절히 기도합니다. 아멘.

영광의 보좌에서 영원토록 경배와 찬양을 받으시기에 합당하신 거룩하신 하나님 아버지!

이 회중에 성부 성자 성령 삼위 하나님께서 친히 함께하셔서 우리의 마음과 정성과 뜻을 다하여 드리는 예배를 기쁘게 받아주시고 하나님께는 영광이 되며 우리 모두에게는 하나님의 위로와 소망과 기쁨이 충만한 시간이 되게 해 주시옵소서.

지난 한 주간도 험한 세상 살면서 믿음을 잘 지키지 못하여 어둠에서 방황할 때 빛이 되어주셨고 이 땅에서의 삶의 염려와 근심으로 낙심할 때에 피난처가 되어주신 주님! 이 시간 한 사람 한 사람마다 성령의 도우심으로 우리의 혼과 영과 육이 큰 힘을 얻는 은혜가 충만한 시간되게 해 주시옵소서.

하나님 아버지, 아직도 믿음이 연약하여 하나님보다 자신과 물질과 명예를 더 사랑하고, 영원한 본향 하늘나라를 사모하는 마음보다 땅에 것을 사랑하여 선한 의지의 마음이 무너지고 사탄이 주는 유혹으로 죄와 가까워진 마음이 있었다면 이 예배 중에 확실한 회개와 돌아섬이 있게 되기를 간절히 기도드립니다.

주여! 진정 내가 누구인지, 내 영혼이 어디로 갈 것인지 불확실한 생각에 매여서 지내왔다면 성령 하나님의 도우심으로 맑은 영을 주시고 죄와 사탄이 주는 죽음의 그늘에서 벗어나 늘 하나님의 사랑의 자리를 차지하는 큰 믿음과 신령한 복을 내려 주시옵소서.

특별히 주님께서 수험생들에게 지혜와 건강을 주셔서 지금까지 잘 준비해온 것들을 잘 정리하고 기억하게 해 주시옵소서. 영적 거인은 태어나는 것이 아니라 기도로 만들어진다고 하는데 온 교회가 부르짖고 기도할 때에 풍성하시고 인색하지 않으신 주께서 저들의 앞길을 가장 좋은 길로 인도해 주실 줄 믿습니다.

11월 30일에 있을 초청 주일에 영혼이 갈급한 심령들을 우리 교회에 많이 보내어 주셔서 생명과 구원이 되시는 주님을 영접하게 하시고 기쁨과 소망 중에 믿음을 잘 지켜 그 이름이 하나님의 생명책에 기록되어지는 복음 받게 해 주시옵소서.

주여! 이 나라를 불쌍히 여겨 주시기를 원합니다. 대통령과 모든 위정자들이 권력과 부와 자기 자신을 위해 욕심을 채우는데 관심이 있는 자들이 되지 않게 하시고 하나님 앞에서 이 나라 이 민족을 윤택하게 만들기 위해 힘쓰는 이들이 다 되어지기를 소원합니다.

아무도 아는 이 없는 먼 이국 땅에 오로지 주님 만을 믿고 복음을 들고 간 선교사들에게 주께서 큰 믿음과 능력을 주시고, 가족들의 건강과 안전을 지켜주시옵소서. 복음을 전하는 땅마다 구원 받는 자가 날마다 더해 가기를 간절히 기도를 드립니다.

담임목사님, 인도네시아 먼따와 사랑대학 졸업식과 목회자 세미나를 위하여 출타 중에 있습니다. 시간 시간마다 성령의 큰 능력이 나타나게 하시고 돌아오실 때까지 모든 일정을 간섭하시고 또한 안전을 지켜 주시옵소서.

이 시간 정바울 목사님 말씀 선포하실 때에 주의 능력의 장중에 붙들어 주셔서 은혜의 말씀이 되게 하시고 온 회중이 영원을 사모하는 꿈을 꾸며 환상을 보며 과거를 떠나 소망의 나라를 바라보며 또 엿새 동안 승리하는 믿음을 얻게 해 주시옵소서.

이 모든 감사와 간구를 우리를 죄에서 구원하시고 다시 오실 우리 구주 예수님의 이름으로 간절히 기도합니다. 아멘.

우리의 반석이시요 요새시요 피난처가 되시는 전능하신 하나님 아
버지, 죄로 죽었던 우리를 값없이 구원해 주시고 하나님의 친백성 삼
아주신 크신 은혜와 사랑을 진정으로 감사와 찬송과 영광을 올려 드립
니다.

한 주간도 무더위 속에서 건강을 지켜주시고 이 시간 은혜의 보좌
앞으로 불러 주셨사오니 여기에 고개 숙인 우리 모두에게 복에 복을
주시고, 환난과 근심에서 벗어나 평안과 기쁨과 소망을 넉넉하게 내려
주옵소서.

주여! 진정 원하옵기는 이 회중에 성령 하나님의 도우심으로 우리의
영안이 밝아져 세상이 볼 수 없는 것을 보게 하시고 귀 문이 열려 들을
수 없는 것을 듣게 하시고 닫혀진 마음의 문이 열려 믿을 수 없는 것을
믿음으로 말미암아 영혼이 새롭게 변화되는 복된 은혜의 시간 되게 해
주시옵소서.

사랑의 주님! 육신의 질병으로 기도하며 치료 중에 있는 모든 이들
십자가에 흘리신 보혈로 정결케 하옵시고, 나만이 알고 말할 수 없는
어려움과 경제적으로 힘든 고난의 자리에서도 믿음을 지키며 반드시
회복되는 일이 일어나게 도와주시옵소서.

여름성경학교와 수련회가 무더위 속에서도 은혜롭게 잘 마치게 하심을 감사를 드립니다. 수고하신 모든 이들, 주님의 넉넉한 하늘의 위로와 이 땅에서 있어야 할 것을 때를 따라 채워 주실 줄 믿습니다.

이번 기간에 참여한 귀한 생명들 바깥 어두움의 뜰에 서성이지 말며, 타락과 탐욕과 사탄의 문화에 가까이 하지도 말고 존귀한 하나님의 사람들이 되어 열방과 민족에 꼭 필요한 인재들이 되게 하시고 이 땅을 차지하는 복을 받게 해 주시옵소서.

이 나라 이 민족을 긍휼히 여겨주옵소서. 평화를 사랑하는 민족, 무엇보다 하나님을 두려워하는 백성들이 되게 하시고 멀지 않은 때에 이 나라가 자유로운 가운데 남북이 믿음으로 하나 되게 해 주시기를 간절히 기도드립니다.

세계 각처에 흩어져 복음을 전하는 선교사들 가정을 지켜 주옵시고, 진정 하나님의 대사로서 그 본분을 끝까지 잘 감당하므로 땅 끝까지 하나님의 나라가 임하게 될 줄 믿습니다.

우리 목사님 이제 안식년 기간이 얼마 남지 않았습니다. 귀국하는 순간까지 신원을 보호하시고, 새롭고 강한 영권으로 맡겨진 양떼를 하나님의 사랑과 공의와 능력으로 살피고 헌신적인 돌봄으로 고난의 인생길에 길동무 역할을 잘 감당하는 선한 목자되게 하옵소서.

이 모든 감사와 간구를 우리를 죄에서 구원하시고 다시 오실 우리 구주 예수님의 이름으로 간절히 기도합니다. 아멘.

우리의 힘과 능력이 되시며 기쁨과 소망이 되시는 전능하신 하나님 아버지! 크신 은혜와 사랑을 진정으로 감사와 찬송과 영광을 올려드립니다.

2015년 한 해도 나라와 교회와 가정에 여러 가지 일들이 있었지만 우리 나라와 교회와 가정을 지켜주셔서 올해 마지막 주일 예배를 드릴 수 있게 해 주셔서 감사를 드립니다.

주여, 우리의 마음과 뜻과 정성을 다하녀 드리는 예배를 기쁘게 받아주시고 하나님께는 영광이 되며 우리 모두에게는 큰 은혜의 시간이 되게 해 주시옵소서.

하나님 아버지, 이 한 해도 나를 나보다 더 잘 아시는 주께서 사탄의 유혹과 죄의 사슬에서 지켜주셔서 여기까지 인도하신 크신 은혜에 감사를 드립니다. 그러나 때로는 환경 따라 변하는 나약한 마음이 있을 때에도 성령의 도우심으로 왕 되시는 예수 그리스도의 종이 되어 멸망의 성을 뒤로하고 영원한 그 나라를 향하여 믿음으로 승리하게 하신 주님을 찬양합니다.

사랑의 주님! 새해에도 우리 교회를 성령의 기름에 깊이 잠기게 하셔서 돈의 부채보다 더 무서운 죄의 부채를 지는 일이 없게 하시고 거룩하고 정결한 하나님의 백성으로 잘 살기를 다짐하는 한 해가 되기를 간절히 간절히 기도를 드립니다.

주여! 신년에도 우리 교회가 울산 땅과 이 지역에 복음의 전초기지가 되어 부지런히 복음을 전할 때에, 구원 받는 자가 날마다 더하게 하셔서 예배당이 차고 넘치는 부흥을 주시옵소서.

우리 교회에서 자라나는 다음세대를 축복해 주시옵소서. 금번 대학진학을 준비하는 학생들을 주께서 가장 좋은 길로 인도해 주셔서 지원한 학교에 진학이 반드시 이루어지도록 그 앞길을 선한 길로 인도해 주시기를 기도드립니다.

특별히 주의 종들이 승리의 월계관을 받을지라도 쉬지 않고 도전하여 한 시대에 열방과 이 민족의 중심에 서서 많은 선한 영향을 주고 하나님께 영광을 돌리는 존귀한 인물들이 다 되게 해 주시옵소서.

특별히 연로한 분들 노후의 삶이 주 안에서 기쁨을 누리며 맑은 정신으로 잘 지내게 하시고, 기도의 끈을 놓지 않을 뿐 아니라 그 수가 다 하도록 여생을 지켜 주시옵소서.

주님! 원치 않는 질병으로 투병 중에 있는 이들의 기도를 들으시고 고난보다 더 크신 주님을 의지함으로 반드시 회복의 은혜를 주실 줄 믿습니다.

이 나라 이 민족을 불쌍히 여겨 주시옵소서. 이념문제, 빈부의 양극화에서 오는 갈등과 화합을 위하여 온 백성과 위정자들이 깊은 자기중심적인 잠에서 깨어나게 하시고 무엇보다 사랑하는 데는 서툴고 변명하는데 능숙한 자들이 되지 않게 하시고, 이 땅을 하나님이 원하는 모습으로 반드시 고쳐주시옵소서.

오직 주님만을 의지하고 복음을 들고 고국을 떠나 먼 이국 땅으로 떠난 선교사들 가정마다 안전과 건강을 지키시고, 믿지 않는 자들에게 복음을 전할 때마다 주님의 사랑이 그들을 사로잡아 주님께로 돌아오게 하시고, 사역지마다 진리의 복음이 그 땅을 차지하는 놀라운 성령의 역사가 있게 하옵소서.

우리 목사님 성령의 강한 장중에 붙드시고 육신의 강건함을 주시옵소서. 말씀을 선포하실 때마다 온 성도들이 꿈을 꾸며 환상을 보며 과거를 떠나 내세의 확신을 얻게 될 줄 믿습니다.

이 모든 감사와 간구를 우리를 죄에서 구원하시고 다시 오실 우리 구주 예수님의 이름으로 간절히 기도합니다. 아멘.

허물과 죄로 죽었던 우리를 택하시고 불러주셔서 하나님의 백성 삼아주신 크신 은혜와 사랑을 진정으로 감사와 찬송과 영광을 올려드립니다.

지난 한 주간도 삶의 염려와 사탄이 주는 여러 가지 유혹으로 하늘나라를 사모하며 소망 중에 살지 못하였으며 하나님보다 자신을 더 사랑한 허물을 이 시간 거룩하신 하나님의 임재 앞에서 뉘우쳐 회개하고 은혜 받는 복된 시간 되게 해 주시옵소서.

사랑의 주님, 이제 다음 주일에는 직분자 선출을 하게 됩니다. 무엇보다도 신앙의 행위가 일치하고 복음적이며 교회를 사랑하며 좋은 인격과 온유한 마음을 가진 이들을 세워주셔서 하나님 나라 확장과 복음 전하는 일에 크게 쓰임 받게 해 주시옵소서. 이새의 아들 다윗을 만나니 내 마음에 합한 사람이라 하심과 같이 그런 이들을 주께서 세워주실 줄 믿습니다.

다음 달에 호주 원주민 단기 선교를 준비하고 있사오니 그 일정을 주께서 세밀하게 주관해 주셔서 하나님의 사람들을 통해서 하나님의 나라가 그 땅에 크게 임하는 기회가 되게 해 주시옵소서.

주여! 이 강산 이 민족을 불쌍히 여겨 주시옵소서. 대통령과 위정자들에게 하나님을 의지하는 믿음을 주셔서 이 나라를 잘 보살펴서 백성들이 행복한 삶을 누리게 하시고 모든 백성이 하나님을 두려워하는 복된 땅이 되게 해 주시옵소서.

저 북한 땅을 불쌍히 여겨주시옵소서. 전쟁은 하나님께 속해 있음을 어떤 방법으로든지 깨달아 알게 하셔서 침략을 포기하고 화해의 손을 내밀어 자유와 평화를 누리며 복음이 다시금 회복되는 땅이 되게 도와주시옵소서.

세계 여러 나라에서 복음을 전하는 선교사들 주님의 오른 장중에 붙들어 주셔서 복음을 전할 때 구원받는 자가 날마다 더해가는 큰 은혜를 내려 주시기를 간절히 기도를 드립니다.

금년에도 어김없이 또 수능시험 일자가 가까이 오고 있습니다. 준비하고 있는 우리의 자녀들에게 믿음과 지혜와 건강을 주시옵소서. 수능시험이 외형적으로 거인 골리앗처럼 크게 보인다 할지라도 담대한 믿음을 주셔서 형통한 길로 인도해 주실 줄 믿습니다. 주님 의지하고 기도함으로 승리의 자리를 차지하게 도와주시옵소서.

주님! 우리 목사님, 육신의 건강과 성령 충만함을 주셔서 모든 유혹으로부터 자유롭게 하시고 상상을 초월한 영적 힘을 주시옵소서. 하나님의 말씀을 선포하실 때에 모든 성도들이 감화 감동 충만한 은혜를 받게 하시고 가치관의 변화와 구원의 확신과 가난한 마음을 얻으며 질병으로 고통 받는 자들이 나음을 얻으며 영육이 회복되어지는 큰 은혜가 넘치는 복된 시간되게 해 주시옵소서. 이 모든 감사와 간구를 우리를 죄에서 구원하시고 다시 오실 우리 구주 예수님의 이름으로 간절히 기도합니다. 아멘.

할렐루야! 우리의 생명이 되시며 소망이 되시는 하나님 아버지!

새해 첫날을 주님의 날로 지키게 하심을 진정으로 감사와 찬송과 영광을 올려드립니다.

오늘 주일 예배가 이 한 해를 다 보내는 끝날까지 예배의 첫 열매가 되어 주님 주시는 기쁨과 소망의 한 해가 되기를 간절히 기도를 드립니다.

주여! 2017년 새해 초부터 연말까지 우리 교회 태아로부터 연로한 분들에 이르기까지 말씀의 동산에서 영과 육이 건강한 삶을 누리며 영원히 목마르지 않는 생명의 샘물을 마시며 하나님이 주신 삶의 날과 현재 누리고 있는 축복에 늘 감사하는 복된 한 해가 되게 도와주시옵소서.

올해도 피로 사신 주님의 몸된 교회가 세속 문화와 이 세상 즐거움의 풍속에 물들지 않도록 성령 하나님이 우리의 영과 혼과 육을 지켜주셔서 주님 주시는 능력으로 세상을 이기며 승리하는 크신 은혜를 내려 주시옵소서.

새해에는 우리의 영혼에 어두움이 가까이 오지 못하도록 하나님이 도와주시고 거룩한 하나님의 사람으로 반드시 믿음을 잘 지켜 하나님의 사랑의 자리를 차지하는 복을 얻게 되기를 간절히 기도를 드립니다.

주여, 지금 이 나라는 정치적으로나 경제적으로 심히 혼탁한 때를 보내고 있습니다. 하나님을 부정하며 교회를 탄압하고 핍박하는 종말의 시대를 당하였사오니 주님! 이때에 하나님의 사람들을 일으켜 주셔서 의의흉배와 믿음의 방패와 성령의 검으로 죄로 얼룩져 가는 이 나라와 이 민족을 복음을 일으키는 놀라운 기적의 역사가 있게 해 주시옵소서.

우리 교회에서 자라나는 자녀들, 이 한 해도 요셉처럼 꿈을 꾸며 믿음의 자리를 잘 지키는 리더가 되어 열방과 이 민족에 꼭 필요한 특별한 인재로 쓰임 받으며 하나님의 선한 군사로 이 땅을 차지하며 미래교회에 기둥들이 다 되어지게 해 주시옵소서.

주님, 북한 땅과 저 백성들을 불쌍히 여겨주시옵소서. 반세기가 넘도록 전쟁 준비를 하고 침략의 때를 노리고 있습니다. 주여 칼과 창과 핵을 만들어 전쟁을 준비하지만 핵보다 무서운 복음이 저 땅을 차지하도록 강권적으로 역사해 주셔서 그 땅에 평화가 오고 이념문제가 봄눈 녹듯이 녹아져 어두운 그 땅에 복음으로 말미암아 평안과 행복을 누리는 땅이 되기를 간절히 소원합니다.

아무도 알지 못하는 세계 열방에 흩어져서 주님만을 의지하고 복음을 전하는 선교사들에게 능력을 더하셔서 복음을 전할 때마다 하나님의 크신 역사가 나타나게 하시고, 복음의 씨앗을 뿌릴 때마다 믿지 않는 많은 영혼들이 주님께로 돌아오게 하옵소서. 그 사명 잘 감당하게 하시고 가정과 자녀들을 눈동자같이 지켜 보호해 주시옵소서.

우리 목사님이 올 한 해도 힘든 고난의 자리를 잘 지킬 수 있도록 크신 능력과 권세를 주시옵소서. 잃어버린 양과 마음 가난한 영혼을 위하여 날마다 부르짖는 간절한 외침에 온 교회가 영원한 본향을 사모하며 날마다 기쁨으로 주님을 예배하며 소망의 문에 가까이 가는 큰 은혜와 복을 주실 줄 믿습니다. 이 시간 강단에 세우실 때에 말씀의 위로와 치유의 역사와 성령의 능력이 충만하게 하셔서 온 성도들이 큰 은혜 받게 하시고 또한 질병으로 투병 중인 이들이 새 힘을 얻고 다시는 아픔을 잊어버리고 건강을 회복하는 기적을 경험하게 하옵소서.

이 모든 감사와 간구를 처음과 나중이 되시는 우리 구주 예수 그리스도의 이름으로 간절히 기도합니다. 아멘.

영광 중에 계셔서 영원무궁토록 경배를 받으시기에 합당하신 전능하신 하나님 아버지, 우리에게 믿음을 주시고 신앙의 자유를 주셔서 좋은 환경 속에서 주님을 예배하게 하신 크신 은혜와 사랑을 진정으로 감사와 찬송과 영광을 올려드립니다.

저희들이 마음과 뜻과 정성을 다하여 예배를 드릴 때 성령 하나님이 친히 임재하셔서 감화와 감동과 하늘의 신령한 위로를 넉넉하게 주셔서 하나님의 임재를 경험하며 주님의 세미한 음성을 듣는 복된 시간이 되게 해 주시옵소서.

하나님 아버지! 지난 한 주간도 삶 속에서 사탄의 유혹과 세속적인 권력과 명예와 물질을 따라가다 우리 마음에 선한 것과 겸손과 사랑이 자리를 잃고 불경건한 것에 가까이 있었다면 이 시간 예배를 드림으로 메마른 우리의 영과 혼과 육이 다시금 크게 회복되어지는 은혜를 내려 주시옵소서.

5월 가정의 달에 우리 교회 가정 가정마다 위로부터 주시는 하늘의 만나와 아침이슬 같은 신령한 은혜의 단비를 넘치도록 부어주셔서 가정에서 작은 천국을 맛보며 사랑과 기쁨과 행복이 넘쳐나는 복을 받게 해 주시옵소서.

주여, 우리 교회에서 신앙의 교육과 훈련을 받고 자라나는 아이들 다음 시대에 반드시 베벨론 왕국의 최고위층에서 믿음을 지킨 다니엘과 같은 인물들이 되며 페르시아 왕국의 한 가운데서 철저하게 하나님을 예배하고 섬겼던 느헤미야와 같은 선하고 존귀한 믿음의 용사들이 되어 열방과 이 민족의 중심에 서는 복을 받아 누리게 하옵소서.

이제 곧 대통령을 뽑는 날이 임박하였습니다. 믿음의 선진들이 피와 땀과 순교로 지킨 이 땅을 위하여 반드시 하나님께서 필요한 사람, 하나님을 두려워하는 사람, 백성을 위해 헌신하는 사람을 주께서 세워 주시기를 간절히 기도드립니다.

하나님 아버지! 우리가 기도하고 원하는 지도자는 권력과 출세욕에 눈이 어두운 자가 아닌 진정 하나님이 크게 보이며 죄와 위험한 동거를 하지 않고 이 나라 이 민족을 위하여 생명과 목숨까지도 아까워하지 않는 분이 뽑히도록 허락하여 주실 줄 믿습니다.

오늘도 언어도 다르고 음식도 다르고 생활 풍습도 다른 세계 여러 나라에서 주의 나라와 복음을 위해 수고하는 선교사들이 그 환경에 잘 적응하고 언어소통도 잘 이루어져 주의 복음을 잘 전할 수 있도록 주의 능력의 장중에 붙들어 주셔서 복음을 전할 때마다 구원받는 자가 날마다 더하게 하옵소서.

특별히 원치 않는 육신의 질병으로 고통 가운데 기도하며 투병 중에 있는 이들 있습니다. 아버지께서 다 아시오니 주의 보혈로 씻어 정결하게 하시고 자리를 들고 일어나는 큰 은혜를 주시옵소서.

이제 말씀 선포하실 우리 목사님께 능력과 하늘의 권세를 주시옵소서. 이 시간 말씀하실 때에 성령 하나님이 친히 각 사람의 마음의 문을 두드려 메마른 영혼에 불꽃 같은 믿음을 회복하여 자신의 삶에 예수의 흔적을 남기는 큰 믿음을 주실 줄 믿습니다.

그리하여 하나님의 평화를 얻으며 죄의 유혹을 이긴 자에게 주시는 놀라운 위로를 얻게 하옵소서.

이 모든 감사와 간구를 우리를 죄에서 구원하시고 다시 오실 우리 구주 예수님 이름으로 간절히 기도합니다. 아멘.

영광과 존귀와 경배를 홀로 받으시기에 합당하신 하나님 아버지, 이 시간 성삼위 하나님이 친히 이 회중에 임재하셔서 우리의 예배를 기쁘게 받아주시고 하늘의 신령한 생명의 말씀으로 갈급한 우리의 영혼이 크게 소생되게 하셔서 하나님의 임재를 경험하며 주님의 세미한 음성을 듣는 복된 예배가 되게 해 주시옵소서.

주여, 이곳에 머리 숙인 한 사람 한 사람마다 예배와 말씀으로 큰 능력 받아서 사탄 마귀의 유혹에 넘어지지 않게 하시고 저 천국을 향하여 끝까지 달음질하여 세상을 이기는 자가 되어 생명의 면류관을 받는 모든 이들이 다 되어지기를 간절히 기도를 드립니다.

주님! 이 나라와 이 민족을 불쌍히 여겨주시옵소서. 전쟁의 폐허에서 일어나 세계 경제 11위가 된 것도 하나님께서 값없이 주신 축복임을 깨달아 알게 하시고, 무엇보다도 대통령과 위정자들이 죄에 깊은 잠에서 깨어나 역사를 주관하시는 전능자이신 하나님을 두려워하며, 이 나라 이 백성을 위하여 힘써 헌신하는 사람들이 되어지기를 간절히 기도를 드립니다.

북한 땅을 불쌍히 여겨 주시옵소서. 반세기가 넘도록 평화와 자유를 부인하고 침략의 기회를 노리고 있습니다. 우리의 간절한 기도가 하나님의 보좌를 움직이는 놀라운 기적이 일어나게 하셔서 저들이 평화와 자유를 회복하여 하나님이 주시는 복을 받아 누리는 땅이 되게 해 주시옵소서.

세계 곳곳에서 복음을 전하는 선교사들의 건강과 안전을 지켜주시옵소서. 복음의 불모지가 말씀으로 변화되어 하나님의 나라가 그 땅들을 차지하는 큰 기적의 역사를 주실 줄 믿습니다.

우리 교회에서 신앙의 훈련을 받고 자라나는 다음세대들, 아담과 하와처럼 이상적인 환경에서 타락하는 자 한 사람도 없게 하시고 믿음의 장부들이 다 되어서 열방과 이 민족의 중심에 서는 존귀한 인물들이 다 되어지게 해 주시옵소서.

특별히 연로하신 분들, 노년에 소망 중에 기쁨을 누리며 여생을 잘 지내게 하시고 질병이나 육신의 건강 문제로 병상에 눕는 일 없이 그 수가 다하도록 기도의 끈을 놓지 않고 자자손손들을 축복하는 존귀한 생애가 되게 하옵소서. 또한 여러 가지 질병으로 투병생활 하시는 이들 한 사람 한 사람마다 갈보리 십자가에서 흘리신 보혈로 씻어 정결케 하시고 고난의 자리에서 일어나는 하나님의 은혜와 기적을 모두 다 경험하게 되기를 간절히 기도드립니다.

우리 목사님 하나님의 사랑과 공의와 헌신적인 돌봄과 눈물의 기도를 아시는 주여, 이 시간 말씀 선포하실 때에 성령 하나님께서 강한 힘과 능력을 주셔서 이 회중에 감화 감동 충만한 은혜가 넘치는 시간이 되어지게 해 주시옵소서.

이 모든 감사와 간구를 우리를 죄에서 구원하시고 다시 오실 우리 구주 예수님의 이름으로 간절히 기도합니다. 아멘.

우리의 반석이 되시며 참 생명이 되시는 하나님 아버지,

오늘도 거룩하고 복된 성일을 주셔서 구원받은 주의 백성들이 보좌 앞에 나아와 하나님 아버지께 감사와 찬송과 영광을 올려드립니다. 우리의 마음과 뜻과 정성을 다하여 드리는 예배를 기쁘게 받아주시고 세상이 줄 수 없는 신령한 기쁨을 받아 누리는 복된 시간 되게 해 주시옵소서.

지난 한 주간도 세상의 편리한 삶에 너무 가까이 가 하나님 아닌 것들을 사랑한 허물과 또한 세상 즐거움에 마음 빼앗긴 흔적이 있었다면 회개하며 우리의 영혼 깊은 곳에 주님 주시는 참 자유를 얻게 되기를 간절히 기도를 드립니다.

이 시간 우리가 드리는 예배와 기도의 소원이 하나님의 보좌에 상달되어 병든 자가 일어나며, 영적으로 힘들어 하는 심령이 회복되며 고달픈 나그네 인생길에서 새로운 소망과 위로를 받으며 이 땅의 삶 속에서 내려놓지 못한 무거운 짐들을 주님 앞에 내려놓고 주께 맡기는 결단의 시간이 되게 해 주시옵소서.

주여, 진행되는 제직세미나에 은혜 받아 맡은 직분 부지런히 기쁨으로 헌신하게 하시고 감사와 기쁨과 기도의 눈물이 우리 교회와 이 땅

을 적시게 되기를 간절히 기도를 드립니다.

이곳에서 신앙의 훈련을 받고 믿음으로 자라나는 다음세대들, 사탄의 유혹이 많은 어지러운 세상 속에서 진리를 사수하고, 믿음을 잘 지켜 열방과 이 민족을 위해 크게 쓰임 받는 존귀한 하나님의 좋은 군사들이 다 되기를 간절히 기도를 드립니다.

사랑의 주님! 이 나라 이 민족을 불쌍히 여겨 주시옵소서. 이 나라는 이념문제가 날이 갈수록 그 골이 깊어져 믿음과 신뢰가 깨어지고 사랑이 식어져서 이제는 벼랑 끝에 서 있는 안타까운 현실이 되어가고 있습니다. 또한 교회를 탄압하고 핍박하는 어려운 때가 되고 있습니다.

아버지! 특별히 위정자들을 불쌍히 여겨 주시옵소서. 이 민족의 살길은 하나님의 손길밖에 없음을 깨달아 알게 하셔서, 무엇보다 권력에 집착된 마음과 돈을 끌어안은 부패한 손, 도덕적으로 해이해져 더러운 죄를 감싸 쥔 손을 펴고, 이 나라와 민족을 사랑하고 섬기는 존귀한 이들이 다 되게 해 주시옵소서.

이 땅의 교회들이 다시금 깨어 일어나 깨끗하고 진실된 믿음을 회복하여 민족을 품에 안고 사랑하고 기도하여 교회의 거룩이 회복되어지기를 간절히 기도를 드립니다.

세계 여러 나라에 파송되어 복음을 전하는 선교사들을 주님의 오른 장중에 붙들어 주시옵서. 이 길은 좁은 문, 좁은 길, 순교의 길 아닙니까. 우리 주님 가신 고난의 길을 깊이 생각하면서 또 힘을 얻고 십자가를 잘 짊어지고 가도록 인도하시고 선교사들의 가정마다 건강과 안전을 지켜주시기를 간절히 기도를 드립니다.

이 시간 우리 목사님, 성령의 감동으로 준비된 말씀선포 하실 때에 우리의 의지에 영향을 주어 보다 성숙된 신앙관이 회복되어지게 도와 주시옵소서. 우리 목사님, 영육의 건강을 더 하셔서 큰 능력으로 행복한 사역을 잘할 수 있게 하시고, 가정에 하나님의 은혜를 이 한 해에도 넘치게 부어 주시옵소서.

말씀이 선포될 때에 메마른 우리의 영혼과 갈급한 심령이 위로를 얻으며 구원의 감격과 기쁨이 회복되어져 하나님과 깊은 사랑에 빠지는 넉넉한 은혜를 주실 줄 믿습니다.

이 모든 감사와 간구를 다시 오실 우리 구주 예수님 이름으로 간절히 기도합니다. 아멘.

영광의 보좌에서 영원토록 찬송과 경배를 받으시기에 합당하신 전지전능하신 하나님 아버지의 성호를 찬양합니다.

하나님 아버지, 환난과 재난이 쉴 날이 없이 일어나고 있는 어려운 환경 가운데서도 그리스도 예수 안에서 복된 삶을 누리게 하신 크신 은혜와 사랑을 진정으로 감사와 찬송과 영광을 올려드립니다.

주님, 이 지구촌은 싸움과 분쟁이 끊임없이 일어나고 하루가 다르게 죄의 밤은 깊어가고 들려오는 소식은 희망과 용기보다 좌절과 우리의 마음을 아프게 하는 일들이 많이 일어나고 있습니다.

하나님이여, 순간순간 긴박한 삶 속에서 나의 중심적인 생각에 얽매여 주님을 문밖에 기다리게 한 온갖 추하고 어긋난 생각과 죄를 이 시간 성령 하나님의 도우심으로 깨달아 알게 하셔서 깊이 뉘우쳐 회개하므로 하나님과 더 가까워지는 복된 은혜를 주실 줄 믿습니다.

사랑의 주님, 세상이 주는 인정과 칭찬과 상급이 아무리 좋아보여도 하나님이 주시는 영원한 것과는 비교할 수가 없습니다. 주님, 우리의 삶 속에서 짊어지고 있는 육신의 무거운 짐을 이 시간 벗겨주시고 불신앙과 좌절 가운데 살아온 심령 심령마다 단 잔보다 오히려 쓴 잔 속에 더 많은 축복이 있음을 알고 다시 일어서는 큰 은혜를 주시기를 간절히 기도드립니다.

우리 교회에서 신앙 훈련을 받고 있는 다음세대들이 믿음의 반석에 굳게 서서 사탄이 주는 달콤한 죄악의 문화에 물들지 않게 하시고 신앙의 절개를 잘 지켜 열방과 이 민족을 위해서 죄와 악을 잠재울 수 있는 존귀하고 인정받는 종들이 되게 해 주시옵소서.

연로한 분들도 늘 청년 같은 믿음과 청년 같은 꿈을 꾸며 마지막 생애를 나라와 교회와 가정을 위해 기도의 열정을 남김없이 다 불태우며 큰 강물 줄기 같은 역할을 다하다가 주님 부르실 때에 담대히 주님 앞에 서는 복을 주시옵소서.

특별히 위정자들의 수식적인 교만한 힘과 가진 자들의 계층 간의 권력과 힘이 물같이 부드럽게 변하여 낮은 곳으로 흘러 온통 나라가 하나님의 법 앞에서 고개를 숙이는 행복과 믿음이 넘쳐나게 하시고 북한 땅에도 이런 변화가 일어나 말씀으로 남북이 하나되는 날이 오게 되기를 간절히 기도를 드립니다.

하나님이여, 여름 행사를 위해 애쓰며 준비하는 교사들과 봉사자들이 있습니다. 어린 영혼들을 사랑하는 마음으로 그들에게 주님의 말씀을 가르칠 때 평생 그들을 지켜주는 하나님의 말씀으로 기억하게 해 주시옵소서. 매년 반복되어지는 행사로 끝나지 않게 하시고 하나님의 말씀으로 인해 많은 믿음의 열매를 풍성하게 맺어 다음 세대를 책임지는 십자가의 군사들이 다 되어서 새로운 도전과 각오를 다짐하는 기회가 되게 해 주시옵소서.

우리 교회에 몸이 불편한 이들과 질병으로 어려움을 겪는 이들에게 주께서 힘주시고 믿음 더 주셔서 믿고 구할 때에 응답받고 자리를 들고 일어나는 은혜를 경험하게 되기를 간절히 기도를 드립니다.

세계 각국에 주님께 받은 그 큰 사랑을 전하기 위해 파송되어진 선교사들에게 지혜와 능력을 주셔서 주님의 말씀을 전할 때마다 하나님을 모르는 많은 백성들이 주님께로 돌아오는 놀라운 역사가 나타나게 해 주시옵소서. 그들이 주님 은혜의 날개 아래서 그 사명을 잘 감당하게 하시고 가족의 안전을 지켜주시옵소서.

이 시간 계시된 말씀을 선포하실 목사님, 성령의 힘과 능력으로 함께하셔서 준비된 말씀이 선포될 때에 이 말씀을 통해서 우리가 가져야 할 책임과 주님께서 맡겨주신 사명을 다시 한번 깨닫게 하시고 또한 누려야 할 축복과 소망과 구원의 기쁨을 얻을 수 있는 큰 믿음을 주실 줄 믿습니다.

이 모든 감사와 간구를 다시 오실 우리 구주 예수님 이름으로 간절히 기도합니다. 아멘.

우리의 생명이 되시며 참 소망이 되시는 하나님아버지,

영적으로 죽었던 우리를 예수 그리스도와 함께 새 생명을 주셔서 천 국백성 삼아주신 크신 은혜와 사랑을 진정으로 감사와 찬송과 영광을 올려드립니다.

한 주간도 하나님 나라를 사모하는 마음보다 땅에 것을 사랑하여 죄 악에 가까이 간 마음이 있었다면 성령 하나님이 이 회중에 임재하셔서 나약해진 믿음을 새롭게 해주셔서 능력의 주님을 만남으로 삶에 분주 하였던 근심, 걱정, 염려를 내려놓고 소망의 기쁨을 회복하는 복된 예 배가 되게 해 주시옵소서.

사랑의 주님! 이 시간 영적으로 어두워진 눈과 귀를 밝게 해주시옵 소서.

내 생각이 아닌 사탄이 주는 유혹으로 가난해진 영과 육을 크게 회 복시켜 주시옵소서. 우리의 마음에 하나님의 진리의 법이 자리 잡고 있어 선한 것에 가까이 가며 세상적인 행복의 기준을 넘어 하나님이 주시는 참된 행복을 경험하는 복된 시간이 되기를 간절히 기도를 드립 니다.

하나님 아버지, 11월 25일 태신자 전도주일에는 이 도성 안에 살고 있는 많은 이들이 구원에 동산에 올라와 사랑의 떡을 떼며 고달픈 나 그네 삶에서 감당할 수 없는 무거운 짐을 주님 발 앞에 내려놓는 결단의 시간이 되도록 성령께서 역사해 주시옵소서.

세상의 부귀영화보다 마지막 그날에 받게 될 영광스럽고 찬란한 하늘나라를 바라볼 수 있도록 영의 눈을 강권적으로 밝혀 주님의 나라를 바라보게 해주시옵소서.

온 교회가 이 잔치에 참여한 분들을 끝까지 사랑하고 이분들의 무거운 짐을 함께 나누어 짊어지며, 지치고 넘어진 자를 등에 업고 영원한 하늘나라 본향을 향해 끝까지 힘껏 달음질하는 은혜와 사랑이 넉넉한 우리 교회 되기를 간절히 기도를 드립니다.

주여! 이 나라 이 민족을 불쌍히 여겨주시옵소서. 무지한 사람들은 사탄 마귀의 유혹으로 하나님을 부정하고 이 땅에 신앙의 자유를 제한하여 교회를 탄압하는 벼랑 끝에 서 있는 마지막 때가 되어가고 있습니다. 저들의 눈에 죄악의 비늘을 벗겨주시옵소서. 진정 하나님의 군사와 천군 천사들이 이 땅을 지키고 있음을 보게 하셔서, 죄악에서 돌이켜 사랑과 화합과 섬김의 낮은 곳으로 돌아서게 해주시옵소서.

특별히 한국 교회들이 옷이 아닌 마음을 찢고 말씀과 멀어져가고 있는 잘못된 삶을 회개하며 에스더의 결단과 같이 큰 각오와 믿음으로 이 나라 이 민족을 구원하는 십자가의 군사들이 되도록 주여, 도와주시옵소서.

세계 곳곳에 파송되어 복음을 전하는 선교사들, 힘과 능력을 날마다 새롭게 하셔서 뿌린 복음의 씨앗이 많은 열매를 맺어 땅 끝까지 하나님 나라가 이루어지는 큰 은혜를 내려주시옵소서.

이 시간 우리 목사님, 능력의 장중에 붙들어 주시옵소서. 말씀을 선포하실 때에 하나님의 영이 크게 역사하셔서 변함없이 주시는 위로와 병 고침과 구원의 기쁨을 회복하며, 힘들고 지친 고난의 자리를 들고 일어나는 놀라운 은혜의 역사가 있게 될 줄 믿습니다.

누구든지 주의 이름을 부르는 자는 구원을 받으리라 약속하신 우리 구주 예수님의 이름으로 간절히 기도합니다. 아멘.

고드름 잡수세요
고드름에 얽힌 그리운 아버지와의 추억

어느 날 방송 영상에 지붕 끝에 매달린
고드름을 보는 순간 중학교 겨울 방학 때의
까마득히 잊혀져 버린 기억이 떠올랐다.
시골의 아침과 저녁, 굴뚝에서는 연기가 피어 오른다.
아궁이에 들어가는 나무의 종류는 다르지만 굴뚝의 연기는 표시 없이 머리를 풀고 위로 올라가기도 하고 장독대를 지나 울타리를 넘어 이웃집으로 가기도 한다.
조그마한 시골, 몇 집 안 되는 동네는 물안개처럼 아름다운 모습이다.
"아버지, 무거운 지게 받쳐놓고 좀 쉬었다 갑시다."
겨울인데도 20리 길 먼 곳에서 나뭇짐 지게를 짊어지고 오다보면 갈증이 난다. 절벽 바위틈에서 흐르던 물이 고드름이 되어 겨울 햇살에 검처럼 길게 빛을 내면서 매달려 있다. 잠깐 짊어진 지게를 받쳐놓고 수정처럼 빛나는 고드름을 꺾었다. 손이 시려 아렸지만 그래도 갈증과 이마에 흐르는 땀을 식혀준다.

"아버지, 이 고드름 잡수세요. 시원합니다."

고드름을 받아든 아버지는 잔잔한 미소를 지으며 녹여 드시는 모습이 꼭 달콤한 아이스케키를 먹는 철없는 아이 같아보였다.

모처럼 아버지를 따라 나뭇짐 지게 메는 것이 무척이나 힘들었는데 평생을 이렇게 시골 부엌 땔감을 준비해 오신 아버지의 겉옷은 땀에 젖어 지게 끈 자국이 변색되어 새겨져 있었다.

'얼마나 힘드셨을까?'

연기를 보면서 시골 향수를 느끼는 마음은 누가 어떻게 준비해 온 땔감을 아궁이에 넣었을까 생각하지 않는다. 시골집 굴뚝 연기의 향수를 느끼는 마음보다 고드름에 얽힌 아버지와의 추억이 더 그립다.

아버지 박석용 장로

(27년 시무, 6·25 전쟁 참전 금성화랑무공 훈장)

아버지 박석용 장로(6·25전쟁 참전 금성화랑무공 훈장)

특별기도문

할렐루야! 전능하신 하나님 아버지!

우리가 믿고 구하는 정도보다 훨씬 많은 것을 주시고, 오늘 이 영광스러운 자리까지 인도해주신 크신 은혜와 사랑을 진정으로 감사와 찬송과 영광을 돌려드립니다.

이 땅, 불모지에 울산신학교를 세우시고, 우리의 삶에 구르던 일상의 침상을 떠나 하나님께로 한 걸음 더 나아가는 기회를 주시고, 힘들고 어려웠던 시간들 속에서도 분에 넘치는 은혜를 주셔서 몸과 마음이 나약할 때나 여러가지 어려움으로 감당하기 힘들 때에도 늘 위로부터 주시는 능력으로 인하여 넉넉하게 이길 수 있게 도와주신 주님! 오늘 이 자리에 친히 임재하셔서 큰 은혜를 내려 주시옵소서.

하나님이여, 비록 나이가 많고 삶에 있어서 여건이 그렇게 좋지 않더라도 믿음을 가지고 인내하며 기다리는 마음을 주시고, 능력이 많으신 주님께서 모든 이들이 다 주님의 능력으로 담대한 삶을 살아가게 해 주시옵소서.

지금까지 배우고 익힌 신앙관을 삶에 잘 적용하여 진정한 그리스도의 향기가 되어 삶의 현장에서 아름답게 풍겨나게 하시고, 선한 일꾼되어 주님의 복음의 발길이 닿는 구석구석에까지 전하게 하시고, 늘 화목하므로 험악한 세상을 따뜻하게 하는 생애가 되게 해 주시옵소서. 무엇보다도 담대한 믿음과 능력과 불꽃 같은 열정으로 문제가 있는 곳에 해결과 평안이 있게 하시고, 치유의 힘과 영적욕구를 충족 시키는 주님과의 인격적인 교제가 충만한 이들이 되게 해 주시옵소서.

이 모든 감사와 간구를 우리를 구원하시고 다시 오실 우리 구주 예수님의 이름으로 간절히 기도합니다. 아멘.

할렐루야! 전능하시고 사랑이 풍성하신 하나님 아버지! 지나온 일을 생각해 보면 우리가 믿고 구하는 것보다 훨씬 많은 것을 풍성하게 주시고, 오늘 이 영광스러운 자리까지 인도해주신 크신 은혜와 사랑을 감사와 찬송과 영광을 돌려드립니다.

이 땅, 불모지에 울산신학교를 세우시고, 우리의 평범한 일상의 삶을 벗어나 어려운 결정에 큰 용기를 내서 하나님께로 한걸음 더 나아가는 기회를 주시고, 힘들고 어려웠던 시간들 속에서도 분에 넘치는 은혜를 주셔서 나약할 때나 감당하기 힘들 때에도 늘 위로부터 주시는 능력으로 넉넉하게 이기게 도와주신 주님! 오늘 이 자리에 친히 임재하셔서 한 사람 한 한 사람에게 큰 은혜를 내려 주시옵소서.

하나님이여, 비록 나이가 많고 여건이 좋지 않더라도 인내하고 기다리는 마음을 주시고, 우리 안에 있는 하나님의 은혜를 인하여 이제 세상의 어두운 곳을 밝게 하고, 힘들고 지친 영혼들에게 희망과 용기를 주고, 영육이 아픈 이들에게 치유하는 능력을 주셔서 모든 이들이 다 하나님께 영광을 돌리게 해 주시옵소서.

지금까지 배우고 익힌 신앙관을 삶에 잘 적용하여 진정한 그리스도의 향기가 되며, 선한 일꾼되어 복음을 전하며, 늘 화목하므로 이 땅을 따뜻하게 하는 생애가 되게 해 주시옵소서. 무엇보다도 담대한 믿음과 능력과 불꽃 같은 열정으로 아픔이 있는 곳에 치유의 힘과 영혼이 메 말라 갈급한 자들에게 영적욕구를 충족시키는 주님과의 인격적인 교 제가 충만한 이들이 되게 해 주시옵소서.

먼저 가정마다 복을 주셔서 어려움 가운데서도 베풀고 나누어 줄 수 있게 해 주시고 이전보다 행복하게 해 주시고 자녀들도 주님이 책임져 주셔서 하는 모든 일들이 잘되어 하나님께 영광을 돌릴 수 있게 해 주 시옵소서.

잠시 후 단에 세우실 옥복언 목사님. 능력의 장중에 붙드시사 성령 의 역사가 있게 하셔서 말씀이 우리의 평생에 잊혀지지 않는 나침반이 되게 하시고 우리의 내면에 끊임없는 도전이 되게 해 주시옵소서. 울 산신학 교수진 위에도 많은 은혜 주셔서 섬기는 교회들이 크게 성장하 며 이 섬김을 통하여 목사님과 교회들이 성령의 기름에 잠길 뿐만 아 니라 결코 고갈되는 일이 없는 복을 주시옵소서.

특별히 김웅배 이사장님, 주님께서 날마다 큰 힘과 용기와 믿음 주 셔서 평생에 후회 없는 삶이 되게 하시고 최선을 다하여 섬기는 이 일 에 위로와 더 큰 은혜 주실 줄 믿습니다. 순서마다 주님께서 은혜 주시 기를 원하옵고 예수님의 이름으로 기도드립니다. 아멘.

　죄와 허물로 영원히 죽을 수밖에 없었던 우리를 구원해 주시고, 하나님의 친백성으로 삼아주신 하나님의 크신 은혜와 사랑을 감사와 찬송과 영광을 올려드립니다.

　때를 따라 돕는 은혜를 주시고 신년을 맞이하여 전도부 주관으로 이 귀한 성회를 허락하셔서 은혜 받을 수 있는 기회를 주심을 진심으로 감사합니다.

　'오직 성령이 너희에게 임하시면 너희가 권능을 받고 예루살렘과 온 유대와 사마리아와 땅 끝까지 이르러 내 증인이 되리라' 하셨사오니 말씀 따라 우리 교회가 이 성회를 통하여 주님의 명령인 복음을 땅 끝까지 전하는 큰 믿음과 능력을 얻게 될 줄 믿습니다.

　주님, 새로운 성령의 단비를 주시기 위하여 이 시대에 성공적인 목회와 비전으로 한국 땅과 열방을 위하여 크게 일하시는 ○○○목사님 보내주셔서 이 단에 세우셨사오니, 성령님이 강하게 역사하셔서 준비된 말씀에 큰 능력과 영적인 힘을 주시옵소서.

　말씀을 통해서 우리 모두에게 새 힘을 주시고, 크신 하나님의 영광 앞에 나의 가난한 모습을 깨달아 돌이키게 하시고 지금까지 내게만 익숙한 것과 결별하고 죽어가는 많은 영혼을 위해 사명 있는 능력의 사람으로 쓰임 받게 해 주시옵소서.

구원받은 은혜와 사랑에 감격하여 주님을 전하는 살아있는 광고가 되게 해 주시고 복음 전하는 우리들의 말에 힘과 능력을 넉넉하게 주실 줄 믿습니다.

특별히 죄로 어두워져 가는 이 울산과 이 땅에 복음의 불꽃이 활활 타오르게 해 주시옵소서. 어둠의 그늘에 있는 자, 사탄에 얽매인 자, 우리 교회 주변에 많이 있습니다. 이들이 우리 교회로 말미암아 주님을 만나게 하시고, 주님을 믿을 수 있게 하시고, 부활의 증인들이 되는 큰 역사가 있게 해 주시옵소서.

우리 교회가 기도하는 제목마다 하나님께 상달되어 하나님의 마음과 보좌를 움직이며 위로부터 주시는 신령한 은혜가 이슬처럼 흘러 이 도시를 적시며 어두운 이 땅이 날마다 구원받는 자가 더해 가게 해 주시옵소서.

우리 교회 1, 2, 3, 4부 예배마다 빈자리 없이 가득가득 차고 넘치는 부흥의 불길이 일어나게 되기를 간절히 기도합니다. 짝 믿음 가정도 금년에는 믿음으로 하나되는 복을 주시고 하나님을 경험하는 기적과 믿음의 체험을 하는 은혜를 주시옵소서. 이 시간 처음으로 나오신 분, 주님을 영접하게 하시고 등록한 새 가족 모든 분들도 많이 참여하여 주님의 음성을 들으며 주님을 만나는 복을 주시옵소서.

이 모든 감사와 간구를 우리를 죄에서 구원하시고 다시 오실 우리구주 예수님의 이름으로 기도합니다. 아멘.

우리의 생명이 되시며 부활과 소망이 되시는 주님,

고 최명옥 권사님은 하나님 나라와 그 의를 위하여 맡겨진 달란트로 충성스럽게 사랑으로 섬겼습니다. 이제 이 땅 나그네 길에서 모든 수고와 짐을 벗어버리고 아픔과 슬픔과 고통이 없는 곳에서 쉼을 얻고 있음을 믿습니다.

주님 약속하신 하나님의 무한한 상급인 생명의 면류관이 준비되어 있음을 확실히 믿습니다.

이제 고인의 육신은 흙으로 왔기에 흙으로 돌아가는 하관예배를 드립니다.

주여! 정들었던 육신의 이별 앞에 우리 모두는 슬픔의 아픈 눈물을 감출 수가 없사오니 우리의 눈물을 그 눈에서 씻어 주시고, 더 큰 슬픔 가운데 있는 남은 유족과 모든 성도들에게 하늘의 위로와 평강의 은총을 내려 주시옵소서.

무엇보다도 고인이 생전에 보여주셨던 신앙 정신과 사랑을 오래오래 간직하여서 신앙의 유산을 잘 이어받아 고인이 없는 빈자리를 자녀들이 채울 수 있게 해 주시옵소서.

주님! 짧은 이별, 영원한 만남이 있음을 알고 힘과 용기와 믿음과 부활의 소망으로 살게 해 주시옵소서. 그리고 고인이 생전에 기도하시고 소원하던 일들이 사랑하는 유가족을 통해서 꼭 열매 맺게 해 주시길 소원합니다.

이제 목사님 말씀 주실 때에 유가족과 성도들에게 소망과 위로의 말씀이 되게 하시고 큰 은혜를 내려 주시옵소서. 모든 순서와 남은 절차를 주님 주관해 주시기를 원하옵고 예수님 이름으로 간절히 기도합니다. 아멘.

은혜가 풍성하신 하나님, 아버지!

우리가 믿고 구하는 정도보다 더 넉넉하게 주시는 주님! 오늘 이 예배에 열방과 민족을 위하여 크게 일하시는 김장환 목사님을 우리 교회에 보내어 주심을 감사를 드립니다. 이 시간 목사님께서 말씀 선포하실 때에 성령 하나님의 놀라운 능력이 함께하실 줄 믿습니다.

말씀을 듣는 모든 이들이 지금까지 알지 못하고 깨닫지 못한 오묘한 말씀을 듣고 깨달아 큰 믿음의 담력을 얻게 해 주시옵소서.

말씀을 듣고 큰 은혜를 받아 지금까지 나의 습관이나 내 중심적이고 이기적인 삶을 살아온 흔적들이 있었다면 이 시간에 다 내려놓고 남을 섬기며 도움을 줄 수 있는 믿음을 주시옵소서.

특별히 우리 중에 육신의 질병으로 기도하는 이들과 병원에서 치료받는 이들, 정신적으로 힘들어 하는 이들, 경제적으로 어려움을 겪고 있는 이들, 가정 문제로 인해 어려움을 받는 이들이 이번 기회에 새로운 말씀 앞에 용기를 얻게 하시고 믿음으로 다시금 일어서는 기적을 경험하는 은혜와 복을 받게 해 주시옵소서.

주여, 우리가 믿는다는 이름은 있으나 오히려 주님의 영광을 가리운 일이 있지는 않았습니까? 또한 우리의 삶이 세속화되어 진리를 사수하지 못한 허물이 있었다면 말씀을 통해 새롭게 변화되어지는 축복의 시간이 되게 도와주시옵소서.

하나님 아버지, 오늘 이 예배가 나에게 큰 결단과 회개와 다짐의 시간이 되게 해 주시고 내가 바른 신앙을 가지고 살아갈 때에 가정이 바로 서고, 교회가 부흥하고, 이 민족이 복을 받을 줄 믿습니다.

김장환 목사님을 주님께서 지금까지 목회 사역과 극동방송 사역에 함께하심을 감사드립니다. 주께서 지금보다 더 강건한 능력의 팔로 붙들어 주실 줄 믿습니다.

섬기시는 수원중앙침례교회 위에도 주님의 놀라우신 큰 역사가 일마다 때마다 넘쳐나기를 간절히 기도합니다.

이 시간 극동방송 어린이합창단, 수원중앙침례교회 합창단 모든 이들이 찬양으로 하나님께 영광 돌릴 때에 하나님께는 영광이 되며 우리 모두에게 큰 위로와 기쁨의 시간이 되게 해 주시옵소서.

이 모든 감사와 간구를 거룩하신 예수님의 이름으로 간절히 기도합니다. 아멘.

전능하신 하나님 아버지!

죄와 허물로 죽을 수밖에 없었던 우리를 하나님의 친백성으로 삼아 주시고 죄에서 영원한 자유를 누리며 소망 중에 여기까지 인도하신 크신 은혜와 사랑을 진정으로 감사와 찬송과 영광을 올려드립니다.

주여! 지난 한 주간도 우리의 마음은 완악하고 부패한 성품이 있어 여러 가지 죄와 유혹에 자유롭지 못하였을 뿐만 아니라 하나님의 따뜻한 사랑의 자리를 떠나서 말씀에 불순종한 허물을 거룩하신 하나님의 임재 앞에 훤히 드러나게 하셔서 회개하며 자복하는 큰 은혜의 시간이 되게 해 주시옵소서.

사랑의 주님! 기독교 자유의 대헌장이라 불리는 갈라디아서에는 믿음으로 말미암아 참자유와 구원에 이른다고 하셨사오니 종말시대에 신뢰가 무너지고 이기주의와 자기중심적인 이 마지막 때에 결코 세속화 되어 넘어지지 않게 하시고 늘 주님 곁에 있어 믿음을 지켜 승리하는 성안교회 되기를 간절히 기도를 드립니다.

하나님 아버지, 성안교회 어린이로부터 연로한 분들에 이르기까지 하나님의 능력의 기름에 심지를 깊게 내리고 하나님이 주신 기회를 붙드는 교회가 되게 해 주시옵소서. 이곳에서 자라나는 모든 어린 생명들이 하나님의 사랑을 받아 이 땅에서 가장 좋은 학문을 배워 민족과 열방에 큰 지도자들로 쓰임받게 하시고 이 땅을 차지하며 민족을 이루는 복의 근원들이 다 되게 해 주시옵소서. 온 제직과 성도들이 닫혀 있는 문을 보지 않게 하시고 믿음의 눈으로 주님을 바라보며 소망의 문에 더 가까이 가는 은혜 충만한 공동체가 되기를 간절히 기도를 드립니다.

이곳에 새로 오신 강재영 목사님, 요셉처럼 꿈을 꾸는 큰 비전을 주시고, 이 목장을 위해 눈물과 땀이 마르지 않는 귀한 능력과 입술의 권세를 주시옵소서. 단에 세울 때마다 오순절 성령의 강한 역사와 치유와 영육 간에 새 힘을 얻는 역사가 날마다 더해지게 될 줄 믿습니다.

주여! 야곱처럼 무릎을 강하게 하셔서 기도의 끈을 놓지 않게 하시고 영육 간에 강건함을 주시옵소서.

온 성도들이 같은 마음으로 서로 발을 씻기며 마게도냐교회처럼 분에 넘치는 섬김과 사랑이 흘러 넘쳐 이 성안지역을 적시므로 그리스도의 푸른 계절이 속히 오게 될 줄 믿습니다.

성안교회 모든 직분자들이 관계를 깨는 논리를 말하기보다 발로 뛰는 헌신과 분에 넘치는 감격적인 믿음의 세대를 사는 희생의 사람들이 되어 헐벗고 굶주린 자를 돌아보며 죄 때문에 마음 아파하는 영혼을 품에 안고 기도하는 생명력이 넘치는 교회가 되게 해 주시옵소서.

이 시간에 남부교회 김대현 담임목사님, 이 단에 세워 주셨사오니 예비된 생명의 말씀이 선포되어질 때에 하나님의 임재를 경험할 뿐 아니라 치유의 역사와 영육이 회복되는 큰 은혜의 시간이 되게 해 주시옵소서. 예수님의 이름으로 간절히 기도합니다. 아멘.

어제나 오늘이나 영원토록 변함없이 우리를 사랑하시는 하나님 아버지, 그 크신 은혜와 사랑을 진정으로 감사와 찬송과 영광을 올려드립니다.

주여! 지난 한 주간도 하나님이 주신 은혜의 자리를 떠나 부패한 생각이 주는 그릇된 마음이 있었다면, 이 시간 큰 은혜 받아 내 영혼에 어두움이 붙잡지 못하도록 깨어 있게 하시고, 구원받은 하나님의 백성으로 변함없는 영적 자유를 누릴 수 있도록 도와주시옵소서.

하나님 아버지, 긴 밤 끝에는 밝아오는 새벽이 있음같이 온양교회가 전보다 더 주님의 크신 사랑에 맛 들어지게 하시고 성령님의 지배 아래 참된 가치관과 올바른 신앙관을 회복하여 모든 불경건한 것들을 부인하며 하나님의 성품에 참여하여 천국백성의 특권을 누리는 은혜를 넉넉하게 주실 줄 믿습니다.

사랑의 주님, 사탄 마귀는 마지막 때가 가까운 줄 알고 교회를 유혹하며 갖은 수단과 방법을 가리지 않고 성도들을 유혹하여 넘어뜨리려고 하는 이때에 성령 충만과 능력을 주셔서, 진정 이 어둠의 권세를 이길 수 있는 힘과 믿음을 주셔서 고난의 풀무불이 우리의 사랑을 태워 버려 사랑을 하지 못하게 하지 마시고, 고난의 풀무불이 우리의 믿음을 없애지 못하게 하시고, 고난을 통하여 온 교회가 정금같이 새롭게 단련되어지는 놀라운 은혜를 주시기를 간절히 기도를 드립니다.

주여, 무엇보다도 차별 없는 섬김으로 좋은 점은 칭찬하며, 번영을 함께 기뻐하며 빈곤을 동정하고, 보이지 않는 곳에서 성실하게 양 한 마리에 목숨을 건 다윗처럼 자신에게 진실하고 하나님의 눈길만 의식하는 좋은 풍토가 날마다 넘쳐나는 푸르고 쉴 만한 목장이 되도록 도와주시옵소서.

하나님 아버지, 태아로부터 연로한 분들에 이르기까지 눈동자같이 지켜주시옵소서. 결단코 벼랑 끝에 서는 자 한 분도 없게 하시고 때마다 일마다 하나님 곁에 있게 하셔서 늘 변함없는 은혜의 축복이 온양교회와 각 가정과 이 지역에 가득 넘치게 될 줄 확실히 믿습니다.

이 시간 위원장 권동화 목사님의 눈물과 무릎으로 준비된 말씀을 선포하실 때에 하늘 문을 여시사 아침 이슬 같은 은혜를 주셔서 말씀의 빛이 우리 마음에 비춰 복음을 전하며 다른 사람을 섬기며 선한 일을 할 것을 위해 다짐하는 복된 시간 되어지게 해 주시옵소서.

이 모든 감사와 간구를 우리를 죄에서 구원하시고 다시 오실 우리 구주 예수님의 이름으로 간절히 기도합니다. 아멘.

우리의 소망과 생명이 되시는 하나님 아버지 크신 은혜와 사랑을 진심으로 감사와 찬송과 영광을 올려드립니다.

오늘 제2울산교회 예배당을 이곳으로 이전하여 온 교회와 많은 성도들이 함께 기쁨으로 감사의 예배를 드립니다. 이 회중에 성령 하나님이 임재하셔서 머리 숙인 우리 모두에게 큰 은혜와 기쁨이 충만한 복된 시간이 되게 해 주시옵소서.

사랑의 주님, 제2울산교회가 이 성안지역과 이 사회에 큰 버팀목이 되어 존경받으며 하나님의 성을 향하여 힘써 달음질하여 울산과 이 민족과 열방에 복음의 전초기지로 크게 쓰임 받게 하시고 시작은 미약하나 창대하게 하옵소서.

하나님 아버지, 오늘의 이 땅은 정신세계가 빈약해져 가고 경제 논리가 윤리와 도덕보다 우선되어지는 이때에, 온 교회가 참된 가치관을 가지고 내 몫에 태인 십자가를 끝까지 잘 짊어지고 가는 착하고 충성된 교회가 될 줄 믿습니다.

주님! 바울 사도가 예수 믿고 오랜 세월이 흐른 후 에베소서를 기록하면서 "모든 성도 중에 지극히 작은 자보다 더 작다"고 고백하였듯이 제2울산교회도 이런 겸손과 낮아짐의 고백으로 늘 남을 섬기며 화목하여 모이기를 힘쓰고, 흩어지면 복음을 전하는 영적으로 건강한 교회되기를 간절히 기도를 드립니다.

무엇보다도 좋은 예배당과 좋은 환경을 주셨사오니 분에 넘치는 섬김으로 날마다 때마다 부흥의 불꽃이 활활 타오르는 놀라운 은혜를 경험하게 될 줄 믿습니다.

주님, 원하옵기는 제2울산교회가 지치고 피곤한 영혼들의 안식처가 되게 하시고 숨겨진 죄를 뉘우치는 비밀이 보장된 구원의 동산이 되어 많은 심령들이 이곳에서 생명의 샘물을 얻게 되기를 간절히 기도드립니다.

하나님 아버지, 온 성도들이 닫혀 있는 문을 보지 않게 하시고 믿음의 눈으로 주님을 바라보며 소망의 문에 더 가까이 가는 은혜 충만한 공동체가 되는 복을 내려 주시옵소서. 이곳에서 자라나는 다음세대들을 가장 좋은 길로 인도해주셔서 좋은 학문을 배워서 믿음의 장부가 될 뿐 아니라 이 땅을 차지하며 민족을 이루는 복의 근원들이 다 되게 해 주시옵소서.

세워주신 서동균 목사님, 큰 비전의 꿈을 꾸며 주께 부르짖는 눈물의 기도와 수고의 땀이 마르지 않는 힘을 넉넉하게 주시고 온 가족을 주님의 오른편 장중에 꼭 붙들어 주시옵소서.

이제 울산교회를 섬기시는 정근두 목사님 말씀 선포하실 때에 하나님의 임재를 경험할 뿐 아니라 치유의 역사와 영육이 회복되는 은혜를 주실 줄 믿습니다. 순서마다 큰 위로와 은혜가 넘치는 시간되기를 원하옵고 우리를 죄에서 구원하시고 다시 오실 예수님 이름으로 간절히 기도합니다. 아멘.

하나님 아버지, 웬 은혜입니까 웬 사랑입니까?

이 시간은 우리 교단 총회장 배굉호 목사님과 함께 예배하게 됨을 먼저 하나님께 감사를 올려드립니다.

하나님, 과거 일본이 이 나라를 침략하여 창씨개명을 하게 하고 이 나라 이곳저곳에 신사를 지어놓고 목사와 성도들에게 신사참배를 강요하는 큰 시험의 바람이 일어났을 때 평양 서문교회에서 대한예수교 장로회 제27회 총회가 개최되어 신사참배와 일본 천황을 향하여 동방요배를 하기로 가결하므로 주기철 목사님과 한상동 목사님 외 여러 목사님들이 신사참배를 반대하여 총회에서 축출되어 옥중에서 순교할 뿐 아니라 갖은 고난과 고초를 견디며 피 흘려 세운 우리 고신 교단이 오늘에 2,040교회와 47만의 성도로 성장하게 하신 크신 은혜를 진정으로 감사와 찬송과 영광을 돌려드립니다.

특별히 영도에 고신대학교를 세우고 하나님의 사람을 세우는 사명을 감당하게 하시고 부산 송도에 한강 이남에서 가장 침상이 많은 병원으로 복음을 위하여 수고의 땀을 흘리며 400명의 의사들이 최선을 다하여 섬기게 하시고 천안에 고신대학원을 세워 5천 100여 명의 목사를 배출하여 참 진리를 선포하고 있으며 특별한 헌신자를 통하여 대전 땅에 세계선교센터를 세워 세계 55개국에 470명의 선교사를 파송하여 열방에 복음을 전하게 하심을 이 시간에 다시 한 번 하나님께 찬양을 올려드립니다.

이 많은 사역에 목사님을 우리 교단에 총회장으로 세워 불철주야 무릎과 눈물과 땀이 마르지 않는 순교자적 사명을 감당하는 바쁜 일정 중에 우리 교회에서 말씀을 선포하게 하신 주여, 하늘 문을 여시사 갈급한 우리의 영혼이 크게 소생되어지는 복된 은혜의 시간이 되게 해 주시옵소서. 총회장님, 남은 임기 동안 종교인과세 문제, 동성애합법화 문제 또한 67회 총회에 상정된 39개 노회 구조 조정과 재미총회, 대양주총회, 유럽총회를 잘 살펴 교단의 한 역사를 창조하는 은혜를 주실 줄 믿습니다. 육신의 건강도 책임져 주시옵소서. 섬기시는 부산 남천교회도 하나님의 놀라운 은총이 일마다 때마다 늘 함께하셔서 더 크게 성장할 뿐 아니라 우리 교단과 부산 복음화에 크게 쓰임 받을 줄 믿습니다.

우리를 죄에서 구원하시고 다시 오실 예수님 이름으로 간절히 기도합니다. 아멘.

우리의 소망이 되시며 생명이 되시는 하나님 아버지!

웬 은혜입니까, 웬 사랑입니까. 우리 교회가 금년 한 해도 천하보다 귀한 한 영혼 한 생명을 위하여 눈물과 땀과 무릎으로 기도한 그 기도를 들으시고 귀한 이들을 우리 교회에 보내주셔서 예수님을 구주로 믿고 구원받게 하시고 천국 백성으로 하늘 보좌 생명책에 그 이름이 기록되게 하신 크신 은혜와 사랑을 인하여 감사와 찬송과 영광을 올려드립니다.

이제 이 해가 저물어 가는 즈음에 귀한 분들을 초청하고 함께 기쁨을 나누며 교제하며 사랑의 떡을 나눕니다. 이곳에 성령 하나님의 도우심과 역사하심이 충만하여 우리 모두가 마음의 문을 활짝 열고 하늘나라 백성의 아름다운 교제가 넘치는 복된 시간이 되기를 간절히 기도를 드립니다.

주여! 지금까지는 자신의 생활방식과 경험 등의 장애물 때문에 정말 하나님을 인정하지 못하고 살아왔지만 이제 우리는 주님 없이 살 수 없다는 간절한 고백과 착한 영의 소원들이 우리 모두의 마음 마음마다 넉넉하게 채워주시기를 소원합니다. 무엇보다도 함께한 우리 모두는 살아가는 환경이 다르고 배운 정도도 다르며 건강한 분과 몸이 불편한 분도 있을 수 있습니다. 부요함과 빈곤한 차이도 있습니다. 그러나 하나님 앞에서의 신분은 우선순위가 없는 하나님의 자녀의 권세를 얻은 왕 같은 거룩한 백성 됨을 믿습니다.

주님, 오늘 이 시간 초청 잔치를 통해서 우리 교회가 작은 것에서부터 큰일에 이르기까지 사소한 것이라도 끈끈한 주의 사랑이 우리 모두의 마음 마음마다 넉넉하게 연결되어 남부교회 공동체의 일체감과 동질성을 확인하며 서로서로의 마음속으로 들어가 둥지를 틀고 기쁜 일이나 슬픈 일이나 힘든 일이나 아픔이 자신의 것처럼 느끼며 사랑하고 섬길 수 있게 해 주시옵소서.

하나님 아버지, 주님이 오시는 그날까지 우리와 함께하셔서 하나님을 사랑하며, 형제자매를 아끼며 사랑하는 아름다운 소문이 담을 넘어 이 지역과 울산 땅에 퍼지는 큰 복의 근원이 되고 또 그 복이 우리에게서 멈추는 것이 아니라 우리를 통해 또다른 사람에게 흘러가는 복의 통로가 되게 해 주시옵소서.

이제 우리 목사님 하나님의 말씀을 주실 때에 성령 하나님의 강한 역사와 능력이 나타나 이 자리에 모인 회중이 감화 감동 충만한 은혜가 넘치는 시간이 되게 해 주시옵소서.

예수님 거룩하신 이름으로 간절히 기도합니다. 아멘.

하나님 아버지, 제2울산교회를 이곳에 세우시고 온 교회가 긴 밤 끝에는 새벽이 밝아오는 것처럼 온 교회가 긴 시간을 인내하고 소망 중에 기쁨으로 섬겨 이제 크게 부흥 성장하여 오늘 초대장로를 세우는 임직예배를 드리게 하심을 진정으로 감사와 찬송과 영광을 올려드립니다.

온 회중이 마음과 뜻과 정성을 다하여 예배드릴 때 성삼위 하나님이 친히 임재하셔서 이 예배를 기쁘게 받으시고 하나님께는 영광이 되며 우리 모두에게는 큰 은혜와 기쁨이 넘치는 복된 시간이 되어지게 해 주시옵소서.

하나님 아버지 이 변화무상한 세상에서 존귀한 초대장로를 임직 받는 귀한 분에게 주께서 큰 힘과 능력을 주시옵소서. 이제 주님 오실 날이 임박한 이때에 무엇보다 영적회복의 주역으로 쓰임 받게 하시고 믿음과 사랑으로 성도들의 발을 씻기며 내 몸처럼 아끼며 무릎으로 잘 섬겨 위로부터 받는 은혜가 충만한 분이 되게 해 주시옵소서.

주여! 무엇보다도 하나님이 크게 보이며 세속적인 모든 유혹과 위험한 동거를 하지 않게 하시고 분에 넘치는 수고로 한 영혼, 한 생명을 위하여 수고의 기도와 눈물과 땀이 예배당 곳곳마다 그 흔적이 남아있는 순교자적 삶이 되기를 간절히 기도를 드립니다.

특별히 귀한 분의 가정에 이제부터 영원까지 이전에 경험하지 못한 놀라운 복을 주시옵소서. 이분의 당대뿐만 아니라 그 후손 대대로 이 땅을 차지하며 민족을 이루며 아브라함에게 주신 큰 복을 내려주실 줄 믿습니다.

제2울산교회 공동체 속에서 나와 더불어 믿음 생활하는 성도들뿐만 아니라 교회와 후손들의 미래에 깊은 믿음의 영향을 주는 존귀한 사명자로 결단하는 복된 시간이 되어지기를 간절히 기도를 드립니다.

대화와 사랑에 굶주린 자를 잘 살펴 섬기며 애쓰는 곳마다 고달픈 삶에 희망과 용기를 줄 수 있도록 순례자의 길에 길동무 역할을 잘 감당하게 하옵소서.

주여, 온 교회가 이분을 존경하며 고통은 내가 먼저 선택하고 즐거움은 나중에 누리는 좋은 풍토가 교회 안에 가득가득 넘쳐나게 하셔서 온 교회가 영혼의 봄동산을 경험하게 될 줄 믿습니다.

이제 장로로 임직하여 섬길 때에 관계를 깨는 논리를 말하기보다 발로 뛰는 헌신과 분에 넘치는 섬김의 수고를 할 수 있도록 성령께서 도와주시옵소서.

주여! 담임하시는 서동균 목사님, 모든 유혹으로부터 자유롭게 하시고 힘든 고난의 자리를 잘 지켜 거룩을 잃지 않도록 주께서 힘과 능력을 날마다 새롭게 하여 주시옵소서.

잃어버린 양을 위하여 울며 부르짖는 간절한 기도의 외침에 큰 능력과 권세를 주셔서 온 교회가 하나님의 말씀의 강물에 잠기는 부흥의 불길이 일어나며 좋은 소문이 담을 넘어 이 도성을 적시며 잠자는 영혼을 깨우는 큰 역사가 있게 될 줄 믿습니다.

사탄 마귀와 이단들이 공개적으로 하나님을 대적하며 빛을 거부하는 이때에 삼위 하나님께서 이곳에 좌정하셔서 교회를 지켜 보호해 주시기를 간절히 기도를 드립니다.

이 시간 말씀 선포하실 울산남부교회 김대현 목사님, 성령의 감동으로 준비된 말씀 선포하실 때에 이곳에 참여한 모든 이들이 꿈을 꾸며 환상을 보며 과거를 떠나 강하고 담대한 힘을 얻게 하시고 말씀을 들음으로 보다 성숙된 신앙관이 회복되어지는 복된 시간 되게 해 주시옵소서. 순서 순서마다 놀라운 은혜 주실 줄 믿습니다.

이 모든 감사와 간구를 우리를 죄에서 구원하시고 다시 오실 우리 구주 예수님의 이름으로 기도합니다. 아멘.

주께서 피 흘려 세운 교회를 사랑하사 때를 따라 돕는 은혜를 주시고 섬기는 직분자를 세워 그들을 통하여 작은 일에서부터 큰 일에 이르기까지 잘 감당하여 교회가 든든하게 서가게 하신 은혜에 감사를 드립니다.

지난주부터 공동의회가 개최되어 진행되던 중 오늘 다시 속회되었사오니 모든 과정을 은혜 가운데 좋은 결과가 있게 되기를 간절히 기도를 드립니다.

하나님 아버지 이새의 아들 다윗을 만나니 내 마음에 합한 사람이라고 하심같이 오늘 그런 분을 주께서 세워주실 줄 믿습니다.

무엇보다도 말과 신앙의 행위가 일치하고 복음적이며 교회를 사랑하고 좋은 인격과 성품이 사람들에게 덕이 되는 충성된 일꾼을 세워주셔서 각각 주신 달란트를 통해 풍성한 열매를 남기고, 이들이 교회가 부흥하고 성장하는 일에 크게 쓰임 받게 될 줄 믿습니다.

귀한 향유를 예수님의 발에 붓고 귀한 머리털로 발을 씻기는 아름다운 섬김이 있는 이들이 세워지게 하여 주시옵소서.

이 모든 간구를 예수님의 이름으로 기도합니다. 아멘.

부활과 생명이 되시는 하나님 아버지!

이제 고 김갑순 집사님은 흙으로 지음 받은 육신의 장막을 벗고 사랑하는 남편과 가족과 친지와 또한 사랑하는 믿음의 형제들과 영원히 이별하는 마지막 하관 예배를 드립니다.

부활의 주께서 재림의 주로 다시 오실 때에 이곳에 둘러선 우리 모두는 고인과 다시 만날 것을 확실히 믿습니다.

고인은 아픔도 슬픔도 눈물과 근심이 없는 주님 품 안에서 영원한 안식을 얻고 편히 쉼을 누리고 있음을 믿습니다.

주여, 남은 유족들 아픔과 슬픔이 변하여 다시금 소망 중에 위로를 받으며, 이 땅에서 다시는 볼 수 없는 이별로 인해 견디기 어렵고 힘들지만 주님 주시는 위로를 통해 잘 견디고 이길 수 있게 해 주시옵소서. 집사님의 빈자리가 너무나 크게 느껴지겠지만 믿음과 소망으로 잘 극복하고 담대하게 고인이 남겨준 아름다운 믿음이 대를 이어 잘 이어지게 하옵소서.

고인은 죽은 것이 아니라 영원한 그 나라의 삶을 이제 다시 시작한 줄 확신합니다. 짧은 이별, 영원한 만남이 있기에 이 시간 소망의 주님 친히 오셔서 우리의 눈에 눈물을 거두어 주시옵소서.

이제 우리 목사님 말씀을 전하실 때에 주의 성령이 친히 주장하셔서 큰 은혜 받아 이별로 인한 아픔과 슬픔이 가득한 유가족과 저희들에게 큰 위로와 격려가 되게 해 주시옵소서.

우리를 구원하시고 다시 오실 예수님의 이름으로 간절히 기도합니다. 아멘 영광 중에 계셔서 영원토록 찬송과 경배를 받으시기에 합당하신 전능하신 하나님 아버지, 크신 은혜와 사랑을 진심으로 감사와 찬송과 영광을 돌려 드립니다.

이 땅에 울산신학교를 세우시고 이 시대를 말씀으로 이끌어 갈 지도자를 양성하여 배출하게 하시고 오늘 이 영광스러운 자리에까지 인도하신 은혜를 고맙고 감사합니다.

주님! 지난 날을 돌이켜보면 힘들고 어려운 때마다 힘 주시고 때를 따라 돕는 은혜로 이기도록 인도하신 여호와를 찬양합니다.

사랑의 주님! 바울은 옥중 고난 가운데서 하나님의 계시를 들었고, 요한은 밧모섬 유배 중에 하나님의 영광을 보지 않았습니까. 주여! 이 과정을 통하여 하나님의 놀라운 섭리와 계획이 이루어질 것을 확실히 믿습니다.

이제 배움의 과정을 마치지만 또다른 배움의 출발점이오니 무엇보다도 좋은 인격과 영성과 능력이 잘 준비된 이들이 되어 주어진 자리에서 큰 영양력을 미치는 이들이 되게 해 주시옵소서.

하나님이여! 오늘의 교회들은 상처 치유보다 로마 교회의 교황이나 추기경 같은 자리를 만들고 싶어 하는 야심이 숨어 있다는 비판이 없지 않습니다. 한국 교회가 더 슬픈 것은 부정부패의 스캔들 때문에 사회적 도덕성과 윤리 문제로 교회의 공신력이 추락하는 안타까운 현실입니다.

주님! 이 변화의 흐름 속에 영적회복의 주역으로 이 과제를 안고 눈물과 무릎으로 이 땅을 넉넉하게 감당하는 삶들이 되게 도와주시옵소서. 지도자로서 비민주적이고 폐쇄적인 의사 결정으로 상처를 주지 않게 하옵소서. 모든 유혹으로부터 방향을 잃지 않게 하시고 끝까지 하나님의 사랑과 공의와 능력으로 벼랑 끝에 선 자들을 살피며 헌신적인 돌봄으로 고난의 인생길에 길동무 역할을 잘 감당할 수 있도록 크신 은혜를 베풀어 주시옵소서.

이 모든 감사와 간구를 우리를 구원하시고 다시 오실 우리 구주 예수님의 이름으로 간절히 기도합니다. 아멘.

우리의 피난처 되시며 환난 날에 구원이 되시는 하나님 아버지!

지구촌에는 각종 재난과 사고로 하루가 다르게 변하고 환경이 달라져가는 어려움 속에서도 하나님의 도우심으로 주님을 향한 마음 변치 않게 해 주시옵소서.

오늘도 복된 은혜의 자리에 인도해주신 하나님 아버지께 진정으로 감사와 찬송과 영광을 올려드립니다.

하나님 아버지, 특별히 우리 울산신학교를 사랑해 주셔서 매년 주님을 사모하는 심령들이 불꽃같이 일어나게 해 주시고 또 금년 후반기 부흥집회를 이곳 한빛예배당에서 은혜 받는 기회를 주심을 참으로 감사를 드립니다.

사랑의 주님! 이번 성회를 통해서 내 생활 속에서 내 습관 가운데서 하나님 앞에 온전하지 못했던 모습과 허물을 우리 안에 역사하시는 성령의 감동으로 새롭게 변화되게 해 주시옵소서.

지도자로서 잘 감당해야 할 내 삶의 태도가 변하여 온전하게 되기를 원합니다.

나와 더불어 사는 사람들뿐만 아니라 우리 후손들이 미래에 섬기는 교회에 깊은 영향을 줄 수 있는 믿음의 결단을 할 수 있는 기회가 되게 해 주시옵소서.

무엇보다도 대화와 사랑에 굶주린 자들을 잘 돌아보는 선한 청지기가 되어 내가 가는 곳마다 고달픈 삶과 어려운 상황에서 낙심해 있는 자들에게 희망을 줄 수 있으며, 병든 자가 회복되어지는 능력의 역사가 있게 해 주시옵소서.

이 시간 위로부터 주시는 신령한 하나님의 말씀을 통해서 우리의 지성에 영향을 주어 보다 성숙된 신앙관이 확립되게 하시고, 우리의 의지에 영향을 주어 강하고 담대한 능력과 영적 욕구를 충족시킬 수 있는 저희들 다 되게 해 주시옵소서.

이 모든 감사와 간구를 우리를 죄에서 구원하시고 다시 오실 우리 구주 예수님 이름으로 간절히 기도합니다. 아멘.

하나님 아버지! 우리들을 하나님의 자녀로 삼으시고 예배할 수 있는 특권을 주신 은혜와 사랑을 감사드립니다. 아버지, 믿음이 없이는 하나님을 기쁘시게 할 수 없다고 하였사오니 예배 드리는 우리 모두에게 신실한 믿음으로 하나님께 나아가도록 인도하여 주시옵소서.

질그릇처럼 연약하고 죄로 인해 더러워지고 세상 유혹 앞에 쉽게 넘어지고 깨어져 버릴 수밖에 없사오니 그리스도의 향기 나는 꽃으로 피어나게 하시고 주님이 필요로 하는 도구로 사용되어지게 하옵소서. 이번 수련회를 통해서 하나님을 아는 믿음과 구원의 확신과 영원한 소망을 가지게 하시고, 참으로 진정한 복이 무엇인지 우리에게 알게 하시옵소서.

아버지여! 솔로몬은 먼저 하나님께 지혜를 달라고 간구할 때에 지혜뿐만 아니라 모든 것을 넉넉하게 주신 주님을 우리는 알고 있습니다. 시간 시간을 통해서 진정한 복은 하나님께로부터 온다는 것을 깨닫게 하시고 신령한 복을 사모하며 구하는 우리 SFC 회원들 다 되게 도와 주시옵소서. 학문을 아는 지식도 필요합니다. 먼저 하늘의 복을 소중히 여기고 열심히 구하는 가운데서 하나님을 만나고 하나님의 음성을 들으며 과거에 알지 못했던 새로운 은혜의 자리에까지 인도하여 주시옵소서.

잘못된 문화, 잘못된 가치관들이 급속도로 오염되고 있는 이 사회에서는 선한 열매를 맺을 수 있는 그 무엇도 찾아 볼 수 없습니다. 오염된 문화 속으로 청소년들이 겁 없이 뛰어들고 넘어지고 있습니다. 가출 청소년이 날로 증가하고 있습니다.

이 나라의 미래가 회색빛처럼 흐려지고 있습니다. 우리 모두는 바른 가치관을 가지고 건전한 사회 풍토 속에 살아가도록 더욱 강력한 영성을 갖춘 그리스도인들이 되도록 도와주시옵소서. 우리가 성장하여 푯대 잃은 이 사회에 골고루 배치되게 하셔서 소망 없는 이 시대에 선지자적 소명을 가지고 살아가는 십자가의 정병이 다 되게 해 주시옵소서.

이 모든 감사와 간구를 우리를 죄에서 구원하시고 다시 오실 우리 구주 예수님 이름으로 간절히 기도합니다. 아멘.

"요한복음 11장 25절에 나는 부활이요 생명이니 나를 믿는 자는 죽어도 살겠고 무릇 살아서 나를 믿는 자는 영원히 죽지아니하리라"

말씀하신 하나님!

고인이 된 ○○○께서 인생 나그넷길의 힘든 모든 수고를 마치고 고통과 슬픔과 괴롬과 아픔이 없는 영원한 천국의 안식을 얻게 됨을 믿습니다.

고인은 병상에서도 기도를 원했고 기도의 간구에 귀 기울이다가 아멘으로 화답하며 평안한 일상을 가질 때도 있었습니다. 고인은 천국이 있음을 믿었으며 이 땅과 이별할 때는 하늘의 시민이 된다고 기뻐했습니다. (비록 장례절차는 다르다할지라도) 유족들은 고인의 믿음을 알고 위로를 받게 해 주시옵소서. 비록 고인이 교회에 출입은 하지 않았지만 하나님을 영접하였으니 한 영혼이 천하보다 귀함을 생각할 때에 살아계실 때에 큰 복을 받았으며 지금은 그 나라에서 영원한 삶을 누리고 있음을 확실히 믿습니다.

남아 있는 유족들에게 주께서 육신의 이별은 아프지만 그 눈의 눈물을 닦아 주시고 어머님의 따뜻했던 마음을 되새기며 위로받는 시간 되게 해 주시옵소서.

주여, 짧은 이별 영원한 만남을 알고 남은 유족 모두 믿음을 지킬 수 있도록 도와주시옵소서.

이 모든 간구를 우리를 죄에서 구원하시고 다시 오실 우리 구주 예수님 이름으로 간절히 기도합니다. 아멘.

전능하신 하나님 아버지!

시시각각 변해가는 환경과 상황 속에서도 하나님을 향한 마음 변치 않게 해 주시고, 이 시간 복된 은혜의 자리에 인도해 주신 하나님 아버지께 감사와 찬송과 영광을 돌려드립니다.

이 시간 남노회 장로회 6차 순회헌신예배로 한빛교회 성도님들과 함께 예배드릴 수 있도록 인도하신 주님, 이 회중에 임재하셔서 하나님을 향한 깊은 사랑과 신령한 교제로 연약한 우리의 영혼이 주님의 옷자락을 만지며 주님의 손과 발의 흔적을 볼 수 있는 크나 큰 은혜를 베풀어 주시옵소서.

하나님 아버지! 시대는 너무 급변하여 하루가 다르게 상식을 초월한 정치인들과 재계의 부정한 돈놀이와 거짓됨과 위선이 온통 이 땅을 어둡게 하고 있으며 세상에 빛과 소금으로 자리를 지켜야 할 교회들이 복음과 화목하기보다 점점 세속화 되어 이제는 그 경계선이 어디까지인지를 분간하기 어렵게 되어 가고 있습니다.

주여!

무엇보다 영적으로 무력해진 우리 모두에게 큰 은혜를 넉넉하게 부어주셔서 저희들의 삶과 말 속에 정직함이 있게 하시고 이 땅을 따뜻하게 하며 영혼을 깨우는 일에 중심 인물이 다 되게 도와주시옵소서.

특별히 우리 장로님들에게 능력과 성령으로 충만하게 해 주셔서 진정 그리스도의 샘물을 나누어 줄 수 있는 인격이 변화되고 아름다운 믿음의 유산을 남겨 줄 수 있는 건강한 마음을 날마다 회복시켜 주시옵소서.

주님! 오늘 이 시대는 정신세계는 빈약해져 가고 경제논리가 윤리와 도덕보다 우선되는 현실이지만 참된 가치관을 가지고 섬기는 교회에서 바른 방향을 제시하며 세상을 향해 십자가를 질 수 있는 생명력 있는 하나님의 사람이 되게 도와주시옵소서.

특별히 한빛교회를 이 땅에 세워 주셨사오니 이 도성이 한빛교회 때문에 날마다 구원받는 자의 수가 점점 더 많아지게 하시고 온 성도님들이 분에 넘치는 수고로 날마다 든든히 서 가는 좋은 소문이 나는 교회가 되게 인도해 주시옵소서.

이 모든 감사와 간구를 우리를 죄에서 구원하시고 다시 오실 우리 구주 예수님 이름으로 간절히 기도합니다. 아멘.

하나님 아버지! 이 새벽을 주님과 함께 시작할 수 있게 됨을 감사드립니다. 오늘도 말씀으로 무장시켜주시고 성령의 능력으로 덧입혀 주셔서 세상에서 주님의 증인으로 당당하게 살아가게 해 주시옵소서.

주여, 모든 어려움과 고통에는 그 크기만큼 행복의 씨앗이 감추어져 있다는데 우리는 닫혀 있는 문을 보지 말고 믿음의 눈으로 주님을 보며 주님을 만나게 하시고 날마다 소망의 문에 더 가까이 가는 은혜를 가슴 가슴마다 이 아침에 넉넉하게 내려주시옵소서.

하나님 아버지! 마지막 때가 문 앞에 이르렀는데 아직도 바깥뜰에 머물러 있지 않게 하시고 타락의 문화, 야망의 문화, 탐욕의 문화는 보지도 말고 듣지도 말고 주님 곁에 있어 승리하는 은혜를 날마다 주시옵소서.

주여, 한 주간도 내 생활 속에서 내 습관 가운데 하나님 앞에 온전하지 못한 허물이 있다면 우리 안에 역사하시는 성령의 감동으로 이 아침에 새롭게 변화되게 도와주시옵소서.

이 모든 감사와 간구를 우리를 죄에서 구원하시고 다시 오실 우리 구주 예수님 이름으로 간절히 기도합니다. 아멘.

은혜로우신 아버지 하나님!

웬 은혜입니까! 웬 사랑입니까! 웬 복입니까!

이렇게 21세기 신년 벽두에 하나님의 몸된 성전을 건축하는 예배를 이곳 터 위에서 드리게 하심을 감사드립니다. 오랫동안 한빛교회를 섬기시던 목사님과 장로님 그리고 여러 성도님들이 고민하고 기도하던 중 큰 결정을 하여 평생에 한 번 하나님의 성전을 짓는 일도 너무 귀하고 복된 일인데 또 결단하고 이곳에 새 성전을 건축하게 되었습니다.

하나님 아버지!

너희가 그리스도의 날에 자랑할 것이 있는 자가 되라고 말씀하신 사도 바울의 권면대로 모두가 한 마음으로 주를 위한 봉사와 분에 넘치는 수고로 참여하였사오니 성령 하나님이 이 일에 깊이 개입하셔서 첫 삽을 뜨고 기초를 파고 기둥을 세우고 벽돌 하나하나 쌓아질 때에 하나님의 살아계심을 이곳에서 더 많이 체험하고, 때로는 이곳에서 하나님을 만나고 음성을 들으며 과거에 희미했던 구원의 확신을 모두가 체험하는 놀라운 역사가 일어나게 하옵소서.

온 한빛 공동체가 이 귀한 일에 동참하여 지금 엄숙히 고개 숙였사오니 시작의 마음이나 생각과 감격과 각오가 변치 않게 하시고 무엇보다도 서로 위로하며 덕을 세우는 좋은 일들이 풍성해지도록 인도하여 주시옵소서.

완공하여 헌당하는 시간까지 우리의 마음을 분열시키는 어떤 것들도 들여 놓지 않게 하시고 오직 하나님의 사랑에 맛들이고 하나님을 기쁘게 하는 일만 생각나게 하시고 마음과 눈과 혀와 귀의 침묵을 주셔서 남을 칭찬하고 존경하는 가운데 은혜롭게 진행되어 가도록 인도하여 주시옵소서.

공사를 맡은 시공업체에 복을 주셔서 하나님의 전을 건축하는 일에 최선을 다하게 하시고 하나님을 두려워하는 가운데 꼼꼼하게 어느 한 곳 눈가는 곳 없이 완벽하게 건축하도록 모두를 지켜 주시옵소서.

한빛교회가 이 지역을 책임졌사오니 하나님의 백성을 키워내는 생명의 샘이 되게 하시고, 교회의 맑은 샘물이 이 지역뿐만 아니라 온통 죄악으로 물들어 가는 도시를 맑게 덮어가도록 복을 내려 주시옵소서. 온 교회가 시작부터 마침까지 야고보 사도처럼 낙타무릎이 될 만큼 열심히 기도하여 안전사고 없게 도와주시고 가정 가정마다 이전보다 건강과 사업장과 경영하는 일터마다 더 많은 복을 받게 하옵소서.

이 모든 감사와 간구를 우리를 구원하시고 다시 오실 우리 구주 예수님의 이름으로 간절히 기도합니다. 아멘.

(기독교보에 기고한 글)

어릴 때, 산간 벽촌 시골집 마당에 모닥불을 피워놓고 가족이 함께 둘러앉아 손 부채질을 하면서 가정예배를 드렸다. 예배 중의 가장 큰 방해꾼은 모기였다. 성경을 펴보면 피로 얼룩진 죽은 모기들이 글씨와 뒤섞여 있었다.

찬송을 부르고 성경을 돌아가면서 읽고 기도는 아버지와 어머니가 돌아가면서 순서를 정해서 하셨다. 어머니는 아버지에게 "여보, 당신 기도 좀 짧게 하세요"라고 요청하셨다. 그러나 아버지의 긴 기도 때문에 누님과 동생 등 일곱 자녀는 아예 엎드려 기도하는 자세로 잠 잘 준비를 한다. 아버지의 기도 시작의 첫머리는 모두 알고 있지만 '아멘' 소리를 듣는 자녀는 한 사람도 없었다. 결국 어머니는 한 사람씩 흔들어 깨우면서 기도가 끝이 났다고 말씀하셨다.

특별히 어머니의 기도는 나라와 교회와 식구들 한 사람씩 돌아가면서 축복했다. 아직도 그 기도 소리가 귓가에 쟁쟁히 들려오는 것 같다.

"우리 ○○는 자라서 하나님의 교회에 복판(중간) 기둥같이 쓰임 받게 하시고 머리털 하나라도 상함이 없이 보호해 주시기를 원하옵나이다."

어머니는 기도 제목 중 가난한 이 나라 이 민족을 위해서 늘 빠지지 않고 기도하셨다. 참 가난이 얼마나 힘들었는지 어머니는 "얘야, 설움 중에 가장 서러운 것은 가난이다"라고 하시면서 꼭 이 나라 이 민족이 잘 살도록 기도해야 된다 하시던 눈물 맺힌 어머니의 모습은 이제는 천국에 가야만 볼 수 있다.

어느 날 역시 썩은 소나무 뿌리에서 나오는 간솔가지라 불리는 나무를 마당에 피워놓고 가정예배를 드렸다. 그때, 동네 이장님이 담을 타고 올라와 아버지에게 급하게 "빨갱이다!"라고 외치고는 어디론가 급히 사라져 버렸다. 아버지는 그 말이 끝나기 무섭게 집 뒷산으로 도망가셨고 어머니는 방에 들어가 아버지가 제대할 때 입고 온 사지군복을 급하게 끌어안고 나와 소가 누워 자는 마당 풀 아래 깊이 감추었다. 빨갱이는 총인지 창인지 확실하지 않지만 그것을 어깨에 메고 나타나 누나에게 "너희 아버지는 없느냐?"라고 물었다. 누나는 어리지만 지혜롭게 대답했다. "아버지는 일본에 돈 벌러 가셨어요"라고 말했다. 빨갱이들은 집안 구석구석을 찾아보고는 어디론가 가버렸다. 어머니는 "얘들아, 하나님이 우리를 지키셨다. 이장을 통해서 우리를 살리셨다"라고 말씀하셨다.

그 이장님 집에는 제사가 끊임없이 있었는데 제사 음식을 만들면 제일 먼저 담 넘어로 "용궁댁이야, 이 떡은 제사 지내지 않은 것이다"라며 주셨다. 아버지, 어머니의 삶은 이웃에서도 인정해 주었다. 아버지, 어머니의 기도로 오늘 우리의 삶이 형통하며 또한 신앙을 지키는 힘이 되었다.

아버지(윗줄 좌측 4번째)와 어머니(중간 줄 좌측 5번째)
할아버지와 할머니(앞줄 중간)

4

김종익 장로가 만난

믿음의 사람

울산극동방송＝김종익 장로가 만난 믿음의 사람 2010. 5. 28.

김종익 장로 : 울산극동방송 청취자 여러분 안녕하십니까? 매주 금
요일 오후 7시 30분부터 8시까지 믿음의 사람들 프로
그램 진행을 담당하는 김종익 장로입니다. 5월 들어 4
번째 진행하는 본 프로그램은 울산지역 120년 복음 역
사와 함께 100여 년 이상 교회 역사를 가진 교회들 가
운데 조상부터 3-4대에 이르는 믿음의 가문을 찾아
믿음의 사람들을 발굴하여 대담하는 프로그램으로 오
늘은 106년의 교회의 역사를 지닌 두동면 천전교회 출
신인 현 울산남부교회 시무장로로 봉사하시는 박근수
장로님과 만남의 시간을 갖게 되었습니다. 박 장로님
안녕하십니까?

박근수 장로 : 네. 안녕하십니까? 장로님, 반갑습니다.

김종익 장로 : 극동방송 스튜디오에서 만나니 감회가 새롭습니다. 장
로님 섬기시는 교회와 본인 소개를 해 주시기 바랍니
다.

박근수 장로 : 안녕하세요. 저는 울산남부교회를 섬기고 있는 박근
수 장로입니다.

김종익 장로 : 장로님이 평소에 즐겨 듣는 찬송이 있으면 말씀해 주십시오.

박근수 장로 : 저는 305장 '나 같은 죄인 살리신' 찬송가를 참 좋아합니다.

김종익 장로 : 장로님, 이 찬양을 즐겨 부르시는 이유가 있나요?

박근수 장로 : 예, 저는 어릴 때에 가정예배를 드렸는데 그때 당시에 7남매가 가정예배를 드리는데 아버지와 어머니가 기도하실 때에 우리 아들 근수는 머리털 하나라도 상함이 없이 잘 자라서 하나님의 교회에 기둥같이 쓰임 받는 인물이 되라고 기도를 빠지지 않고 하셨지요. 그래서 제가 살아온 과정 속에서 정말 두렵고 힘든 일이 있을 때나 또는 그때의 향수랄까. 그래서 이 찬송을 가끔 부르게 되었구요, 또 이 찬송을 부르면서 어머니, 아버지의 기도를 생각하게 되어 이 찬송을 좋아합니다.

김종익 장로 : 감사합니다. 부친 되시는 박석용 장로님, 천전교회를 평생 섬기시고 은퇴하셔서 조용히 보내고 있습니다만 저도 평소에 존경하고 있습니다. 장남으로서 아버님의 말씀을 기억하고 있음을 감사드립니다. 이제 개인적인 질문을 드리겠습니다. 조금 전에 소개한 대로 울주군 두동면 천전에 관해서 말씀해 주세요.

박근수 장로 : 천전 동네는 120호가 모여서 살고 있는 동네입니다. 지금은 천전 동네를 지나서 화랑유적 천전리 각석 국보 147호가 있고 대곡댐이 있습니다. 동네 위쪽으로

고속도로와 KTX가 지나고 있고 동네 가운데에 천전 교회가 위치하고 있습니다. 이 교회가 저의 모교회입니다.

김종익 장로 : 장로님, 어릴 때에 장로님의 모습은 어떠했는지 들려주세요.

박근수 장로 : 제가 어릴 때 2km를 걸으면서 물을 3번 건너 누님 두 분과 동생들과 교회를 갔습니다. 어느 날 교회에 갔다 오는 길에 굿을 하는 집을 만나게 되었는데 사리문 앞에서 구경을 하였습니다. 무당이 북을 두드리며 대나무를 흔들다가 갑자기 흔들어대던 대나무를 멈추고 두드리던 북도 멈추고 굿이 안 된다고 굿을 멈추면서 "사리문 앞에 있는 아이들을 쫓아내라"고 말을 했습니다. 영문도 모르고 저희는 쫓겨나게 되었습니다. 자라면서 생각을 하니 '우리가 어리더라도 예수를 믿기 때문에 굿이 안 되었구나'라는 생각을 하게 되었습니다. 이런 체험을 하면서 자라왔습니다.

김종익 장로 : 어릴 때 자라면서 가슴에 품은 꿈은 어떤 것이었습니까?

박근수 장로 : 저는 아버지가 장로로 계실 때에 목회자들이 이 시골 교회로 오지 않거나 더 괜찮은 곳이 있으면 떠나는 일이 흔하지요. 그래서 목회자가 공석이 있을 때 예배를 인도하고 새벽기도도 빠지지 않고 눈물을 많이 흘리는 모습을 보면서 내가 이 어려운 농어촌 교회에 목회자

가 안 오는 교회에 가서(목회자는 아니지만) 도와주어야
겠다는 생각을 늘 하며 자라왔습니다.

김종익 장로 : 장로님이 자랄 때 환경이 저와 비슷한 것 같습니다. 저
도 어릴 때 모교회에 목사님을 도저히 모실 수가 없고
신학교에 다니는 전도사님만 보았습니다. 금요일 밤이
면 돌아와서 또 월요일이면 동생들이 빨래를 해 놓으
면 가져가시는 모습을 보고 내 마음에 결심이 목사님
들을 어떻게 하면 도울까 하는 생각도 가져봤습니다.
정말 감사합니다.

장로님 가족들 소개를 해 주시면 좋겠습니다.

박근수 장로 : 저희는 증조할머니가 복음을 받았습니다. 그래서 할아
버지가 장남이고 차남 할아버지가 계셨는데 장남 할아
버지 쪽으로는 모두 복음을 받게 되었고 차남 할아버
지 쪽으로는 복음을 받지 않았습니다. 그래서 할아버
지가 복음을 받고 장립집사로 교회를 섬기셨습니다.
그리고 아버지가 장로로 어머니가 권사로 섬기는 중에
제가 7남매의 장남으로 태어나서 교회를 섬기고 있고
아들이 목사로 섬기고 있습니다.

김종익 장로 : 집안에 목회자로 사역하시는 분들이 상당히 많은 것으
로 알고 있는데 몇 분이나 사역하고 계십니까?

박근수 장로 : 목사로 사역하시는 분들은 현재 열 분 정도됩니다.

김종익 장로 : 증조모님의 복음을 통해서 4대째 신앙이 전수되어 오
고 있는데 열 분의 목사님이 배출되었다는 것으로 볼

때 장로님의 가문을 가히 짐작할 수 있습니다.

박근수 장로 : 감사합니다.

김종익 장로 : 지금 하시는 일에 대한 소개를 부탁드립니다.

박근수 장로 : 저는 울산에 와서 대구에 계시는 황원기 집사님(대구봉덕교회)과 울산남부교회를 건축하면서 남부교회에 등록하였습니다. 그때가 1987년도 여름이었습니다. 교회를 건축하던 중 장로로 피택이 되었는데 장로가 되면 어떤 직업을 가져야 덕이 될까 하여 40일 기도 후 응답받고 남부교회를 모두 건축한 후 신정시장 주변 기업은행 옆에 강남기독백화점을 오픈하게 되었습니다. 92년도에 개업하여 지금에까지 이르고 있습니다.

김종익 장로 : 남부교회를 섬기고 시무장로로 열심히 봉사해 주셔서 감사합니다. 이제 개인 신앙 이야기를 조금 나누려고 합니다. 증조모님으로부터 4대째 신앙을 이어 오고 계신데 실제 내 신앙생활을 한 해는 언제쯤입니까?

박근수 장로 : 저는 아버지, 어머니가 제가 중학교 다닐 때에 장로님이 아시다시피 쌀을 몇 되 가지고 산을 넘어 다른 교회에 가서 집회를 했지 않습니까? 그때부터 집회에 따라다녔습니다. 집회하면 잠 잘 자리가 없어서 한 방에 다리를 가운데로 다 모아서 잠을 자고 집회에 참석했는데 어린 중학생이었는데 은혜를 받고 눈물을 흘렸습니다.

김종익 장로 : 중학생이었을 때부터 집회에 참석해서 신앙체험을 하

고 변화가 오기 시작해서 신앙생활이 본격적으로 시작이 되었네요. 이런 신앙이 특별한 계기가 있었습니까?

박근수 장로 : 특별한 계기라는 것은 어려서 잘 몰랐고 아버지와 어머니가 교회를 섬기면서 교회에 가자고 하니까 부모님 말씀에 순종해서 따라갔고 주위 교회에 가고 또 울산교회에까지 왔습니다. 그때 미나리 밭이 옆에 있었는데 울산교회당 맨 앞줄에 앉아서 기도하고 집회 참석하고 했던 기억이 납니다.

김종익 장로 : 그때 저도 누나 형들을 따라다니면서 다른 교회 집회에 가서 왜 그런지도 모르면서 눈물도 흘리고 찬송도 하고 집회에 따라다닌 이야기는 아마도 우리 세대가 거의 겪은 신앙의 이야기가 아닌가 싶습니다. 혹시 장로님 기억나는 간증이 있으면 들려주실 수 있으신지요?

박근수 장로 : 저는 지금까지 살아오면서 하나님 앞에서 기도해서 받지 못한 것이 없습니다. 근간에는 기독백화점을 하면서 주차장이 없어 걱정을 했는데 아침에 출근해서 첫 기도가 가게 옆 250평이 있는데 통장에 돈도 없으면서 "하나님 저 땅 주십시오, 하나님 저 땅 주십시오." 하며 10년을 기도했습니다. 돈도 없이 기도하는데 주위에 땅 값이 평당 500만 원 정도했습니다. 하나님은 돈도 없이 워낙 달라고 하니까 하나님이 이 땅을 평당에 250만원에 이 땅을 주셨습니다. 10년 만에 받은 기

도응답이었습니다.

김종익 장로 : 아유, 참 감사합니다. 고아의 아버지 조지 뮬러는 많은
아이가 아침을 굶고 있는 형편에 기도하니까 빵을 실
은 차가 들어오고 평생 1만 번 이상 응답을 받았다고
하는데, 장로님의 이야기는 제가 장로님과 교제를 많
이 해도 처음 듣는 이야기네요. 우리의 삶 자체가 기도
의 삶으로 하나님과 밀접한 관계를 맺어 가리라 믿습
니다. 장로님, 신앙생활을 하시면서 장로님 생애에 영
향력을 끼친 멘토가 있다면 누구인지 말씀해 주십시
오.

박근수 장로 : 좋은 목사님과 장로님이 많이 계시지만 저는 멘토라면
제 주위에 친구처럼 생활을 같이 한 분이 있습니다. 제
가 1987년도 남부교회에 등록했을 때에 최종락 장로
님이 계셨는데 이분은 리더십도 있고 특심이 있었습니
다. 저는 모태신앙이지만 특별한 신앙이 있지는 않았
습니다. 그런데 이분을 만나고 나서는 너무 좋아서 주
일이 기다려졌습니다. 주일이 좀 빨리 왔으면 좋겠다
는 생각이 들 정도로 그분의 열심에 감격하고 감동받
았습니다. 그래서 함께 교회를 섬기며 지금까지 오게
되었는데 이분만 생각하면 눈물이 납니다.

김종익 장로 : 최 장로님은 평소에 굉장히 열정적인데 그분에게서 영
향을 받았다니 참 감사한 일입니다.

박근수 장로 : 최 장로님이 저와 같이 교회를 섬길 때에 남부교회 성

도가 193명이었습니다. 그런데 토요일마다 2남전도회가 기도원에 가서 밤이 새도록 기도하고 기도가 끝나고 나서는 본 교회 새벽기도하고 헤어졌습니다. 이후에 교회가 급성장하게 되었습니다.

김종익 장로 : 최 장로님께서 생애에 멘토로서 중요한 역할을 했고 또 교회 충성하는데 큰 보탬이 됐다고 말씀하셨는데 최 장로님이 멘토가 된 이유를 간단히 한 말씀해 주십시오.

박근수 장로 : 그분의 신앙생활은 남달랐습니다. 시간만 나면 성경을 읽고 장립집사로 섬기면서도 늘 전화로 일일이 심방하고 격려하고 위로하고 함께 리더의 역할을 잘 감당했습니다. 그래서 그분을 잊지 못합니다.

김종익 장로 : 앞서 장로님이 좋아하는 찬송을 한 곡 불렀습니다만 두 번째로 좋아하는 찬송은 무엇입니까?

박근수 장로 : 저희 할아버지 산소에 가면 '저 높은 곳을 향하여 날마다 나아갑니다' 이 곡의 가사가 비석에 적혀 있습니다. 윗대부터 이 찬송을 좋아해서 그런지 저도 이 찬송을 무척이나 좋아합니다.

김종익 장로 : 가슴깊이 묻어나오는 찬송인 것 같습니다. 장로님께 한 가지 더 물어보겠습니다. 천전교회가 1906년 1월에 설립되었는데 벌써 105년의 역사를 가지게 되었습니다. 서부 다섯 교회 가운데에 역사가 제일 빠른 것으로 알고 있습니다. 천전교회에 대해 소개할 것이 있으면

이 자리에서 말씀해 주십시오.

박근수 장로 : 천전교회에서 모태신앙을 가진 사람으로 자라서 87년
도에 울산에 오기 전까지 어릴 때 본 천전교회는 울산
지역 고신의 모체 교회라고 생각됩니다. 청년이 울산
지역에 그만큼 많은 곳은 없었고 상당히 뜨겁고 재미
있는 교회였습니다. 특히 박두욱 목사님이 천전교회에
서 태어나고 자라서 그 교회에서 목사로 안수 받으신
아주 훌륭한 목사님이십니다. 제가 어릴 때 본 천전교
회를 섬기시는 어르신들은 참 열심히 섬기셨습니다.
농사짓는 일이 어렵고 고단한 데도 새벽기도를 가기
위해서 집집마다 새끼줄을 쳐서 거기에 깡통을 달아서
먼저 일어나는 사람이 줄을 당겨서 땡그랑 땡그랑 소
리가 나면 다 옷을 입고 나와서 새벽기도에 갔습니다.
거기서 2km거리 되는 곳의 교회에 가서 새벽기도 드
리고 새벽기도가 끝나면 다 같이 돌아왔습니다. 그리
고 시골 교회가 빈약하였지만 특별히 천전교회가 언양
교회를 개척했습니다. 그때 당시에는 서부교회였습니
다. 또한 차리교회도 개척했습니다. 제가 어릴 때 보니
궤도걸이를 만들어 아버지와 김주찬 집사님이 서부교
회에 가서 주일학교를 섬겼습니다.

김종익 장로 : 아주 많은 이야기들이 있지만 시간 관계로 짧게 일화
를 들려주셨습니다. 새벽기도 참석하기 위해서 새끼줄
에 깡통을 달아 새벽을 깨우는 것은 제가 처음 들은 이

야기입니다. 정말 좋은 방법이었던 것 같습니다. 다른 질문을 한 가지 하자면 성경 인물 중에 장로님께서 가장 닮고 싶은 분이 있다면 누구입니까?

박근수 장로 : 저는 특별히 스데반 집사님을 정말 존경합니다.

김종익 장로 : 순교의 제물이 되신 스데반 집사님이죠. 그 이유가 무엇입니까?

박근수 장로 : 사도들을 돕기 위해서 교인들에 의해 선택된 집사이기 때문에 특별히 헬라파 유대인으로 다른 사도들은 갈릴리 출신으로 거칠고 교육도 못 받은 사람도 많았지만 특별히 스데반 집사는 사도는 아니지만 사마리아인들과 이방인에게 복음을 전하는데 그의 생명까지도 바치고 생명을 아까워하지 아니하는 책임 있는 인물이기 때문에 제가 스데반 집사를 아주 좋아하고 존경합니다.

김종익 장로 : 신약시대에 순교의 첫 제물이 된 스데반 집사입니다. 대개는 물어보면 믿음의 조상들 가운데 한분이거나 바울 사도를 지목하는데 오늘 우리 박근수 장로님은 순교의 제물이 된 스데반 집사를 존경한다니 참 감사합니다. 개인적으로 극동방송을 많이 청취하고 계십니까?

박근수 장로 : 자동차에는 늘 채널이 극동방송으로 맞춰져 고정되어 있습니다. 그래서 움직일 때마다 극동방송을 듣습니다. 특별히 울산극동방송 초기에 제가 운영위원회 총

무였습니다. 그렇기 때문에 극동방송에 애착도 많고 많이 사랑합니다.

김종익 장로 : 직접 참여 하셔서 지속적으로 극동방송을 도와주시기 바랍니다. 극동방송이 어떤 점이 좋던가요?

박근수 장로 : 극동방송 모든 프로그램이 상당히 오픈되어 있고 참 좋습니다. 특별히 제가 바라고 싶은 것은 좀 더 찬송을 많이 들려주시면 좋겠습니다. 복음성가보다는 찬송가가 아무래도 은혜롭고 좋습니다.

김종익 장로 : 울산극동방송이 개국한 지 8년 정도 되었는데 타 방송에 비해서 어떤 면에서는 기독교방송으로써 24시간 방송을 하고 있는데 다른 기독교방송보다는 순수하게 복음만을 전하기 때문에 오히려 믿지 않는 사람들까지도 이 방송을 청취하고 있는 것을 발견했습니다. 택시 기사님께서 방송을 청취하고 있어서 왜 듣냐고 물어보니 교회는 안 나가지만 말씀이 너무 좋고 노래가 너무 좋다고 하였습니다. 그래서 마음이 안정된다고 하는 이야기를 들었습니다. 24시간 동안 가시권인 400만 명에게 복음이 전해지는데 이 극동방송이 울산에 들어오고 나서 CBS와 CTS가 들어와서 3개 방송이 있지만 방송 매체를 통해서 많은 사람들이 주님 앞으로 나오게 되었고 6-7%밖에 되지 않던 기독교의 인구가 10%까지 늘게 되었던 이유가 극동방송의 공이 크리라 믿어집니다. 장로님, 마지막으로 인사의 말씀 부탁드립

니다.

박근수 장로 : 울산 지역에 많은 크리스천들이 특별히 극동방송을 듣
고 은혜를 많이 받고 또한 믿지 아니하는 사람들이 이
방송에 참여해서 하나님께 돌아오는 사람들이 많다고
알고 있습니다. 특별히 먼저 믿는 우리들이 이 방송 매
체를 통해서 더 많은 죽어져가는 영혼들이 하나님께로
돌아올 수 있도록 큰 역할을 해 주시면 감사하겠습니
다.

김종익 장로 : 장로님께서 극동방송이 세워진 목적을 바로 이야기 해
주셨습니다. 극동방송을 통해서 장로님의 간증을 통해
서 많은 영혼들이 주님께 돌아오는 역사가 있기를 바
랍니다. 장로님, 오늘 귀한 시간 내주셔서 감사합니다.

이 이야기는 사마천의 (사기) 열전 속에 나오는 이야기다.

장군 오기가 중산국을 공격할 때 한 병사가 심하게 다쳐 상처가 짓무르고 고름이 나왔다. 오기 장군은 그 병사의 고름을 자신의 입으로 빨아 주었다. 이 감동적인 이야기가 사람들의 입을 타고 그 병사의 어머니에게 전해졌다. 이 소식을 들은 어머니는 대성통곡을 했다. 주위 사람들이 의아하게 생각하고 물었다.

"장군이 당신 아들을 그처럼 아끼니 영광스러운 일입니다. 그런데도 그렇게 통곡하는 이유가 무엇입니까?"

아주머니가 말했다. "오기 장군이 예전에도 그 아이 애비의 고름을 빨아주었습니다. 아이의 아버지는 그 은혜를 잊지 못하고 장군을 위해 싸우다 결국 죽고 말았습니다. 이제 장군이 다시 내 아이의 고름을 빨아 주었다고 하니 이 아이 역시 생명을 걸고 장군을 위해 싸우다 죽고 말 것입니다. 아이를 잃고 어미가 어찌 울지 않을 수 있단 말입니까?"

우리는 이 이야기 속에서 패러독스를 느낀다.

병사를 아끼는 장군의 자세는 존경할 만하다. 이러한 장군을 위해 목숨을 걸고 싸움에 임하는 병사의 자세 역시 높이 사야 한다. 그리고 자식을 위해 통곡하는 어머니 역시 너무도 안타깝다.

깊은 '감정의 끈' 이야말로 사람과 사람을 연결해준다.

작은 것에서부터 큰일에 이르기까지 사소한 것이라도 끈끈한 정이 우리의 감정의 끈이 되어 아끼고 사랑하게 하고 더 큰 일체감과 동질성을 확인하며 타인의 마음속으로 들어가 둥지를 틀고 타인의 감정을 자신의 감정으로 느낄 수 있을 것이라 생각한다.

이것이 공동체의 사랑이며 이 사랑이 있는 곳에 큰 힘이 있어 우리를 즐겨 이 끈에 묶이게 해줄 것이라 확신한다.

※ 위나라 사람 오기 장군은 76번 싸워 64번을 완승했다.

제자들의 발걸음

울산남부교회 영아부 편

진행자 : 극동방송 애청자 여러분 반갑습니다. 개나리가 노랗게 꽃을 피
웠고 가로수 느티나무 새순이 터질듯이 봄을 알리고 있네요. 조
금 있으면 울창한 신록의 계절이 되겠지요. 오늘은 신록의 계절
처럼 푸르른 울산남부교회 주일학교 영아부를 탐방하게 되었습
니다. 안녕하세요? 참석하신 한분 한분 개인 소개 부탁합니다.

한영숙 집사 : 안녕하세요. 저는 영아부 부장을 맡고 있는 한영숙 집사
입니다.

박래숙 집사 : 저는 영아부에서 말씀 사역을 하고 있는 박래숙 집사입
니다.

김지오 집사 : 안녕하세요. 저는 찬양과 율동을 담당하고 있는 김지오
집사입니다.

이진복 집사 : 안녕하세요. 캐릭터와 연극을 맡고 있는 기린 이진복 집
사입니다.

오정자 집사 : 멋진 왕자님 주원이와 성원이, 진웅이와 성민이가 있는
사무엘 1반을 맡고 있는 오정자 집사입니다.

배순득 집사 : 예쁜 서윤이와 멋진 승우가 있는 마리아 1반을 맡고 있는
배순득 집사입니다.

진행자 : 반갑습니다. 봄꽃이 여기에 다 있는 것 같은 너무나도 아름다우시고 예쁜 선생님들이 함께 참석하셨네요. 울산남부교회의 영아부는 언제부터 시작하였으며 교역자가 없는 영아부 예배는 어떻게 진행되고 있는지 한영숙 집사님께서 소개해주세요.

한영숙 : 울산남부교회는 울산시 남구 신정 3동 팔등로 옆에 있구요.

울산남부교회(12개부서 중) 영아부는 2005년도에 만들어진 부서이구요, 36개월 이하의 어린이가 주일 오전 10시에 예배를 드립니다. 2010년 수료 후 예배 인원이 어린이만 8명이었는데 현재 33명이고 현재 20-23명 정도가 꾸준히 나오고 있고 부모님도 25여 명 정도 참석하여서 60평 영아부실이 가득합니다.

저희 영아부는 담당 교역자님은 없으시고 부장을 제가 맡고 있고, 말씀사역에 박래숙 집사가 섬기고 있습니다. 영아부 예배에는 거의 대부분의 부모님께서 아이들과 같이 예배를 드립니다. 그래서 레크리에이션 시간에 부모님들과 같이 하는 시간을 가지며 부모님께서 오지 않는 아이들도 가끔 있는데요, 낮예배 1.2.3.4부 예배 중 2부 예배 시간이 10시이어서 시간이 겹치기 때문에 아이들을 맡기고 예배를 드리거나 봉사하시는 기관에 가시는 부모님도 있습니다. 그럴 때는 영아부 선생님들께서 아이들이 적응 잘하고 예배 잘 드릴 수 있도록 기도하며 돌보고 있습니다. 아이들이 울지도 않고 예배를 잘 드려서 얼마나 예쁜지 몰라요.

또한 새 친구가 계속 오고 있구요, 부모님도 새가족으로 오시는 분이 많아요.

영아부 예배를 부모님과 아이들과 같이 드리니까 새가족으로 오신 부모님에게도 믿음이 생겨 신앙생활을 잘하는 사례들이 있습니다.

그리고 영아부 예배를 시작하기 전에 선생님들이 모여서 기도회를 하는데요, 저희는 특별하게 아이들 이름을 한명 한명 부르면서 기도를 합니다. 자기가 맡은 반이 아니면 아이들 이름을 부를 일이 잘 없는데, 이렇게 한명 한명 이름을 부르면서 기도하니까 아이들에 대한 사랑과 관심이 더 많이 생겨나는 것 같아서 너무 좋습니다.

진행자 : 네, 영아부가 생긴 지 5년밖에 되지 않았는데 정착이 잘 된 것 같고 영아부 전체 아이들의 이름을 부르며 기도하는 것이 특별하네요. 다른 주일학교 부서와 마찬가지로 영아부에도 표어와 목표가 있는 줄 압니다. 소개 부탁드립니다.(한영숙 선생님)

한영숙 : 2011년도 영아부 표어는 "이웃을 사랑하는 영아부"입니다. 2011년도 고신교단 표어가 '이웃을 사랑하자'인데요 저희 영아부도 이웃을 사랑하며 베풀 줄 아는 영아부가 되기를 소망하는 마음으로 표어를 만들었습니다.

또한 영아부의 목표는 "성령님 도우심으로 올 한 해 100명 출석"입니다. 이것을 목표로 선생님부터가 전도 대상자를 정하고 열심히 전도와 기도에 힘쓰고 있구요, 영아부 아이들의 부모님도 영아부를 많이 자랑해서 새 친구들이 계속 많아지고 있습니다.

저희 영아부에 믿음 박수가 있는데요, 아이들이 '기도하며, 말씀보며, 찬송하며, 기뻐하며, 전도하며, 사랑하며' 자라나면 좋겠다는 취지에서 믿음 박수를 만들었습니다.

소개해 드릴께요.

믿음 박수 준비! 얍!(영아부 선생님들 같이)

기도하며 짝짝~ 말씀보며 짝짝~ 찬송하며 짝짝~

기뻐하며 짝짝~ 전도하며 짝짝~ 사랑하며 짝짝~ 샬롬~

진행자 : 네~. 이렇게 재미난 구호가 있는 부서는 처음이네요. 아이들이 이 구호처럼 자라나고, 연말이 되면 꼭 100명 출석의 기도제목이 이뤄질 줄 믿습니다. 울산남부교회 영아부는 36개월 이하의 아이들로 이루어져있죠? 제가 보기에는 아기들인데, 이런 아이들에게는 설교를 어떻게 하고 있는지 알고 싶구요, 또 어떤 프로그램이 있는지 박래숙 선생님께서 말씀해주세요.

박래숙 : 제가 설교를 맡은 지가 3개월밖에 되지 않아서 아직 어떻게 할지 잘 모릅니다. 그래서 늘 성령님께 지혜를 구합니다. 설교할 때 되도록이면 아이들이 활동할 수 있도록 노력합니다. 예를 들면 천지창조 설교할 때 하나님이 창조하신 동물들과 식물들을 융판에 붙여보기도 하구요, 다윗과 골리앗을 설교할 때 골리앗에게 돌 던지기를 하고, 또 예수님이 물로 포도주를 만드는 설교를 할 때 항아리 6개를 하나, 둘, 셋, 넷, 다섯, 여섯 이렇게 세어 보기도 하고, 오병이어를 설교할 때는 떡을 먹

어보기도 합니다.

설교 중에 깜짝 프로그램으로 아이들과 부모님과의 약속 지키기를 했는데, 내용은 '하루에 10번씩 안아주기, 하루에 10번씩 뽀뽀해주기, 자기 전에 축복기도하기'였습니다. 이것을 지킨 부모님께 깜짝 선물을 드리기도 했습니다. 부모님들이 너무 좋아 하시더라구요.

그리고 영아부에서 가장 중요한 순서가 있습니다. 바로 간식시간입니다. 영아부에서 간식에 은혜를 받지 않으면 분명 간첩입니다. 부모님께서 제일 맛있다고 입 모아 말하는 간식이 잡채와 떡볶이인데요, 간식을 먹을 시간이 없으면 싸 가기도 합니다. 우리 김윤희 집사님의 솜씨는 제일인데요, 매주 간식을 맡아서 저희의 입을 즐겁게 해 주십니다.

진행자 : 저도 한 번 영아부 예배에 참석했었는데, 어린아이들이 헌금을 들고 나와서 헌금 바구니에 넣는 모습이나 기도의 손이 사무엘을 보는 것처럼, 정말 하나님의 사람들의 모습이 보여졌습니다. 선생님들의 눈에는 영아부 아이들이 모두 천사들로 보일텐데요, 김지오 선생님, 영아부 아이들을 한마디로 말한다면 어떻게 말할 수 있을까요?

김지오 : 울산남부교회 영아부 아이들은 '하나님의 소중한 선물' 이다. …라고 말할 수 있어요.

우리 영아부에서 즐겨 부르는 찬양 중에 '소중한 선물' 이라는 찬양이 있는데요….

(반짝반짝 눈, 동글동글 코, 오물오물 입, 쫑긋 쫑긋 귀, 너는 세상에 하나뿐인 하나님 만드신 소중한 선물)

우리 영아부 아이들은 이 찬양의 가사처럼 정말 하나님이 만드신 소중한 선물이에요.

예배드리는 모습을 볼 때마다 각각 다르지만 한 아이 한 아이가 우리에게 너무 귀한 선물이고, 아이들의 몸짓과 표정, 웃음소리를 들을 때마다 저의 가슴속에는 벅차오르는 감격과 감사가 저절로 생겨납니다. 우리 교사들은 아이들을 볼 때마다 더 많이 은혜를 받고 있습니다.

진행자 : 네. 아이들은 정말 하나님께서 주신 소중한 선물이며, 기업이요, 미래 교회의 기둥들이지요. 정말 예쁘고 아름다운 선물을 맡으신 선생님들이 남부교회 영아부에 아주 많이 있네요. 이 시간에 선생님 자랑을 한번 들어보고 싶습니다. 김지오 선생님께서 자랑해 주시겠습니까?

김지오 : 저희 울산남부교회 영아부에는 21명의 선생님들이 봉사하고 있습니다. 영아부 선생님을 다 자랑하고 싶은데요, 먼저, 영아부 전체를 책임지시는 한영숙 부장선생님, 아직 영아부를 맡은 지 3개월밖에 되지 않았지만 기도로 늘 준비하시고 2부 순서 레크리에이션과 생일축하를 맡아서 재미있게 하고 있습니다.

총무를 맡으신 추성숙 선생님, 달란트를 추 집사님께서 나눠주시기 때문에 잘 보여야 합니다.

찬양을 잘 인도하시고 재미있게 하시는 김지오 선생님, 말씀 사역을 하시는 박래숙 선생님, 너무나 열정적이십니다. 그리고 저는 찬양인도를 하는데요, 이 시간 찬양을 열심히 하면 다이어트도 돼요~.

캐릭터 담당하시는 기린 선생님 이진복 선생님, 연극을 재미있게 하시고 말씀 전에 기린 캐릭터로 재미있게 아이들의 시선을 모읍니다. 연극을 너무 재미있게 잘하시는데요, 재미있다고 다시 해 달라고 해도 절대~ 재활용은 안 하십니다.

또, 절대 없어서는 안 되는 서기 윤현정 선생님과 부서기 남지선 선생님. 출산을 하신 김윤경 선생님, 김 선생님은 출산하는 그날까지 찬양과 율동과 캐릭터 연극을 하셔서 열정적인 모습을 보여 주셨습니다.

회계를 맡으신 송영옥 선생님, 재정 때문에 기도를 많이 하고 계세요. 그리고 반주에 이윤주 선생님.

가장 중요한 일을 하고 계신 선생님들이 계시는 데요, 이분들이 반을 맡아 아이들을 관리하고 아이들을 위해 기도하고 심방하고 계십니다. 저를 비롯해서 이영애, 최점란, 김정수, 고재령, 오정자, 김지미, 한민희, 권정렬 선생님과 마지막, 이분이 빠지면 섭섭하죠. 김윤희 선생님이 영아부의 간식을 책임지고 있습니다.

진행자 : 네~ 많은 선생님들이 은사대로 잘 섬기고 있는 것 같습니다. 남부교회 영아부에서는 설교 전에 기린 선생님이신 이진복 선생

님께서 아이들과 하는 재미난 멘트가 있다고 하던데 한 번 해
주시겠습니까?

이진복 : 인사를 잘 하면 키가 쑥~

기도를 잘 하면 키가 쑥~

찬양을 잘 하면 키가 쑥~

말씀을 잘 들으면 키가 쑥~

안녕~

이 코너를 한 지 1년이 지나니까 아이들이 쑥~ 할 때마다
만세를 하면서 팔을 뻗어요.

정말 키가 쑥~쑥~ 클 것 같아요.

김지오 : 아이들이 기린 선생님이 나오지 않으면 선생님 얼굴을 빤히
쳐다봐요.

진행자 : 아이들은 우리가 생각하기에 철모르는 것 같지만 영적으로나
육적으로 쑥쑥 자라 믿음의 정병으로 이 땅을 차지할 것입니다.
보통 각 교회들을 돌아보면 부서들마다 중점을 두는 행사가 있
던데, 울산남부교회 영아부는 1년 중 가장 중점을 두는 행사나
사업은 무엇인지 한영숙 선생님께서 소개해주세요.

한영숙 : 저희 영아부는 성령님이 함께하시는 능력 있는 영아부가 되기
위해 기도에 힘쓰고 있습니다. 2월부터 21명의 교사들이 영아
부와 전도 대상자를 위해 매일 오후 10시에 시간을 정해서 작
정기도를 해오고 있습니다.

매월 첫 주에는 레크리에이션, 둘째 주에는 새로운 찬양곡,

셋째 주에는 케릭터 성극, 넷째 주는 생일잔치와 성경암송, 달란트 지급을 하고 있습니다. 2011년 계획 중 가장 중점을 두고 있는 것은 부활절 행사, 어린이 주일(천국잔치), 여름성경학교, 성탄절 행사, 달란트 시장 등을 통해서 영아부의 부흥과 예수님의 사랑을 어린아이들에게 온전히 전하고자 합니다.

진행자 : 네~ 많은 행사가 있네요. 아이들과 부모님들이 너무나도 좋아할 것 같습니다. 들어보니 지난 성탄절 행사 때 영아부 선생님들이 전야제 행사 프로그램에서 성극을 했다고 하는데 어떤 내용이었는지 오정자 선생님께서 말씀해 주세요.

오정자 : 네, 제목은 "사랑이 별"이구요, 김윤희 선생님은 천사로 이진복 선생님은 튼튼이 별, 김정수 선생님은 똑똑이 별, 김지오 선생님 멋쟁이 별, 권영일 선생님은 거동이 불편한 노인, 김윤경 선생님은 사랑이 별, 저는 거지 아이의 역할을 했습니다. 이 분들은 은사와 끼가 많으신 선생님들이어서 다른 연극에도 빠지지 않는 분들이십니다. 내용은 예수님이 오시는 길을 예비하는 별을 뽑는데, 뽐낼 것이 많은 있는 별들은 뽑히지 않고 착한 마음이 있는 사랑의 별이 뽑힌다는 내용입니다. 간단한 내용이지만 많은 생각을 하게 만드는 그런 성극이었습니다.

진행자 : 정말 은사가 많으신 선생님들이십니다. 이런 선생님 뒤에는 말씀과 기도로 후원해 주시는 목사님들이 계시죠? 울산남부교회 원로목사님이신 옥복언 목사님과 김대현 담임 목사님은 박래숙

선생님이 보시기에 어떤 분이신지 말씀해주세요.

박래숙 : 원로 목사님이신 옥복언 목사님은 울산남부교회를 1970년 3월 개척하셔서 만 31년 동안 담임목사님으로 시무하시다가 2002년 2월에 은퇴하셨습니다. 어릴 때 원로목사님이신 옥복언 목사님 댁에 자주 놀러갔던 것이 생각이 납니다. 특히 기억에 남는 것은 목사님 댁에 걸려있던 액자의 성구였습니다. 아마도 "남에게 대접받고 싶으면 먼저 대접하라"라는 내용이었던 것 같습니다. 어릴 적 제 마음에 그 말씀이 인상 깊었나 봅니다. 이제는 은퇴하셔서 1년에 한두 번밖에 보지 못하지만 인자하고 부드러운 목사님이십니다. 옥복언 목사님! 사랑합니다!

그리고 담임목사님이신 김대현 목사님은 제가 특별히 더 존경하고 사랑하는 목사님이십니다. 김대현 목사님은 무엇보다 설교 말씀이 너무나 은혜롭습니다. 키는 비록 작지만 말씀의 영적 크기는 엄청 큽니다. 그리고 김대현 목사님은 책을 많이 보시는 것으로 유명하십니다. 늘 설교 말씀에 책을 인용해서 말씀하시고 그 책을 소개도 하십니다. 그래서 말씀도 더 쉽고 은혜로 다가오는 것 같습니다.

김대현 목사님은 또 기도를 많이 하시는 목사님으로 유명하십니다. 부목사 시절에 늘 이불을 들고 다니시면서 기도하셨다고 들었습니다. 그래서 담임목사님으로 초청된 것도 이 이유 때문이라는 소문이 돌 정도입니다. 그리고 각 가정의 힘든 점 어려운 점을 늘 살펴서 기도해 주시기도 합니다.

저를 보면 박 집사라고 안부르시고 래숙 집사라고 부르시는데요,

"래숙 집사는 그래, 아픈 데는 업고?" 이렇게 안부를 물으십니다. 우리 목사님 참 친근감 있죠? 지금 국내에 안 계시지만 돌아와서 꼭 극동방송 들어주세요.

김대현 목사님 사랑합니다!

진행자 : 담임목사님이신 김대현 목사님의 극동방송 설교를 들으신 어떤 분이 서울 여의도 순복음교회 조용기 목사님이냐고 물어보셨다는 말도 있으신데, 아마도 설교를 들으시고는 은혜를 많이 받으신 것 같습니다. 이 시간은 울산남부교회 영아부가 2011년에 기도해야 할 기도제목을 극동방송 청취자들과 함께 나누고 기도하는 시간을 갖고자 합니다. 오정자 선생님께서 기도제목을 소개해주세요.

오정자 : 기도제목은 5가지입니다.

첫 번째, 영아부에 하나님의 거룩한 부흥을 주옵소서.

두 번째, 영아부 예배가 하나님 기뻐하시는 살아있는 예배가 되게 해 주옵소서.

세 번째, 영아부 아이들이 건강하게 자라며, 믿음이 쑥쑥 자라서 하나님 나라 확장에 귀하게 쓰이는 일꾼이 되게 해 주옵소서.

네 번째, 영아부 아이의 모든 가정들이 올 한 해 하나님 은혜 안에서 살아가게 해 주옵소서.

마지막 다섯 번째, 영아부를 섬기는 모든 교사들이 성령 하나님 안에 하나가 되어 맡은 사명 잘 감당하고 가정 축복이 가득하게 해 주옵소서.

*모두 다 같이 기도제목 읽을 때 아멘으로 답해주세요.

진행자 : 네. 이 기도제목들이 다 이루어질 줄 믿습니다. 사랑이 흘러넘치는 영아부를 위해 편지를 써오셨다고 들었습니다. 김지오 선생님과 배순득 선생님께서 사랑이 담긴 아름다운 목소리로 편지를 읽어주세요.

김지오 : 영아부 친구들! 안녕~

너무 사랑스럽고 누구보다 예배를 잘 드리는 친구들을 만나게 되어서 선생님은 정말 행복하고 매주일이 기다려져요. 영아부를 통해서 믿음의 뿌리를 든든히 내리는 친구들이 다 되길 바라고, 찬양도 기도도 말씀도 그리고 예수님을 더욱더 많이 사랑하는 친구들이 다 되길 선생님은 늘 기도합니다. 영아부 친구들… 정말 사랑하고 축복합니다… 엄마들도요~~~~ 모두 모두 사랑합니다!

사랑하는 서윤아! 늘 영아부에 1등으로 와서 예배를 준비하고 찬양도 예쁘고 기쁘게 하는 너의 모습에 선생님은 자랑스럽기도 하고 도전받기도 한단다. 또 승우야! 아빠랑 매주 오는데도, 엄마를 찾지 않고 잘 놀고, 열심히 예배드리는 모습이 너무나 아름답구나.

선생님이 너희들이 아프지 않도록, 하나님의 은혜 안에 살도록 늘 기도할게.

서윤아! 승우야! 사랑해~

오늘날 가르침의 현장에서는 강의를 하는 교사는 많은데 아이들의 친구는 없습니다.

친근한 이미지를 잃어버린 채 딱딱하게 성경을 가르치는 선생님으로 이미지가 굳어진 교회로부터 아이들이 떠나고 있습니다.

분반공부 시간에 친구간의 교제를 통한 배움은 없고 지식을 가르치는 가르침만 있습니다. 그 결과 아이들이 하나님의 학교인 교회학교를 떠나고 있습니다. 목적이 잘못되었기 때문이 아니라 성령의 인도하심을 따라 아이들의 친구가 되지 않았기 때문입니다. 잘 가르치는 교사보다 잘 놀아주는 교사, 그런 교사를 통해서 아이들은 하나님의 마음을 느낄 수 있고, 영성과 인격을 배우게 될 것입니다.

진행자 : 네~. 오늘 주일학교 탐방시간! 울산시 남구 신정 3동 울산남부교회 주일학교 영아부를 탐방했습니다. 지금까지

① 부장 한영숙 집사　　② 말씀사역 박래숙 집사

③ 찬양 김지오 집사　　④ 캐릭터 이진복 집사

⑤ 사무엘 1반 오정자 집사 ⑥ 마리아 1반 배순득 집사

께서 참석하셨습니다. 오늘 귀한 말씀 감사합니다.

6

기도 모음

알파와 오메가 되시는 하나님 아버지!

한해의 마지막을 보내며 저희들이 주의 뜰에 거하게 하심을 찬양합니다. 한 해를 복 주셔서 믿음으로 시작하여 믿음으로 마무리하게 하시니, 새해에 주시는 새로운 은혜를 충만히 받게 하여 주옵소서.

주의 은택으로 은사에 관을 씌우시고, 주의 인도하시는 길에는 기름 같은 윤택함으로 복 주옵소서. 주의 사랑하시는 성도들 가정을 기억하시고, 아직도 하나님을 알지 못하는 가족들에게 구원의 빛이 비춰게 하옵소서. 온 가정이 임마누엘의 복으로 하나님의 나라를 이루게 하여 주옵소서. 사업의 터전과 직장을 붙들어 주시고, 건강도 지켜주시고 가정들마다 안전의 은혜를 허락하여 주옵소서. 자녀들마다 감람나무 같게 하시고, 아내들에게 결실을 주옵소서. 가정마다 허락하신 기도 제목들이 이루어지게 하옵소서. 삶의 문제를 해결 받게 하옵소서. 올해에도 혹독한 경제난을 지나게 하심을 아시오니, 회복의 은혜를 주셔서 꾸어줄지라도 꾸지 않는 은혜를 주옵소서.

우리 교회를 사랑하시고 복 주시는 하나님! 주의 목장에 양떼가 더하게 하시고, 초장에 푸른 꼴들로 덮이게 하여 주옵소서. 교회의 머리가 되시는 주님의 인도를 받게 하시고, 날마다 부흥되는 역사가 있게 하옵소서. 새해에는 더욱 분발하여 전도할 수 있도록 하시고, 주의 복음으로 세상을 변화시키는데 큰 역할을 감당하는 우리 교회와 성도들이 되게 하여 주옵소서. 경배로 시작하여 충성으로 열매 맺는 교회가 되기를 원합니다. 새해에는 인격과 믿음에 큰 성장을 주옵소서.

예수 그리스도의 이름으로 기도합니다. 아멘.

사랑이 풍성하신 하나님! 저희들을 사랑하시어 좋지 않은 날씨 가운데도 예배로 불러주심을 감사합니다. 주님의 거룩한 성회를 기억하고 저희의 마음을 주장하시어 주님께로 불러 주신 은혜에 감사합니다. 저희가 주님을 알기 전부터 미리 아시고 저희를 구원하기 위하여 예수님의 보혈로 구원하신 은혜에 참으로 감사합니다.

사랑의 하나님! 이제 조금 있으면 민족의 명절인 설날이 다가옵니다. 저희들이 이웃을 돌아볼 수 있는 기회가 될 수 있도록 도와주옵소서. 모든 은사 중에 으뜸인 사랑의 은사를 받게 도와주옵소서. 주님, 저희에게 세상의 빛이 되라 하셨으니, 저희에게 빛의 소명을 감당할 수 있게 하옵소서. 사랑이 없는 곳에 사랑을, 썩어져 가는 곳에 소금의 역할을 감당할 수 있는 성도들이 되게 하여 주옵소서. 믿지 않는 이 나라의 많은 이웃을 향하여 기도하게 하시며, 그들을 위하여 봉사의 손길을 쉬지 않게 하여 주옵소서. 하나님의 성호를 찬양하며 주님 앞에 모인 저희에게 서로 협력하며 선을 이루게 하옵소서.

또한 하나님께 간절히 간구하옵기는, 우리 교회를 위하여 기도합니다. 각 기관 기관마다 하나님께서 친히 역사하심으로 저희의 모든 것들이 주님의 몸 된 교회를 위하여 지체의 역할을 감당할 수 있는 믿음을 허락하여 주옵소서. 저희를 향한 주님의 뜻을 찾게 하심으로, 그 안에서 저희가 충성을 다하도록 은혜 베풀어 주옵소서. 늘 저희들을 사랑으로 돌보시는 하나님 아버지, 저희의 심령이 세상 죄악으로 인하여 완악하여졌습니다. 주님의 피 흘리심을 이 시간에도 기억하게 하셔서 저희의 완악한 심령을 주님의 말씀으로 녹여 주시고, 주님의 말씀을 대언하실 목사님 위에 크신 은혜와 능력으로 함께하셔서 저희 심령을 치유하여 주옵소서.

하나님 아버지! 엘리야에게 주셨던 갑절의 능력을 더하여 주옵소서. 저희에게 주님이 주시는 한없는 복으로 인하여 날마다 승리케 하시며, 저희의 연약함과 부족함을 주님의 강하심과 부요하심으로 채워주실 줄로 믿습니다. 저희의 예배를 기쁘게 받아 주옵소서.

예수님의 이름으로 기도합니다. 아멘.

전능하신 하나님 아버지! 이 중추절 아침에 기쁨으로 온 식구들이 모여서 예배하게 하시니 감사드립니다.

우리 가족들의 소망을 예수 그리스도 안에 두게 하시며, 세상을 이길 수 있는 신앙을 주셔서 감사드립니다. 앞으로 더욱 견고한 믿음으로 생활의 터를 닦게 하시고, 형제와 이웃을 사랑하므로 주님을 더욱 기쁘시게 하는 삶을 살 수 있도록 인도하여 주옵소서.

저희 가족들은 겸손한 마음과 용서하는 마음을 가지고 서로 존경하게 하시며, 어려움과 즐거움을 함께 나누게 하시고, 우리 가정에 찬송과 기도와 성경을 읽는 소리가 끊어지지 않게 하시며, 이웃들에게 예수님의 복음을 전할 수 있는 신실한 주님의 사람들이 되게 하옵소서.

특별히 저희들에게 훌륭한 선조들을 허락하여 주시고, 그들의 후손으로 살게 하심을 감사드립니다. 우리는 항상 그분들의 교훈과 훈계를 잊지 않고 지키며, 가문을 더욱 빛내게 하시고, 후손들에게 부끄럽지 않은 신앙과 삶의 유산을 물려줄 수 있게 하여 주옵소서.

예수님의 이름으로 기도합니다. 아멘.

4. 나라를 위한 기도

사랑이신 하나님 아버지! 은혜를 감사드립니다. 선한 목자가 되시어 저희를 늘 인도하시는 주님, 오직 주님만이 저희들의 방패시요, 힘이십니다. 오늘 이 시간도 주님이 사랑으로 인도하여 주시고, 예배에 승리를 주옵소서.

사랑의 주님! 저희의 마음을 주님께 열게 하시고, 강퍅했던 심령에 부드러운 마음을 주셔서 옥토가 되게 하시고, 주의 흡족한 은혜의 단비로 새롭게 하여 주옵소서. 주님의 백성들이 주님의 뜻대로 살지 못한 죄를 회개하고 하나님 앞으로 돌아 올 수 있도록 하옵소서.

역사의 주관자가 되시는 주님! 나라와 민족, 사회와 이웃을 위하여 기도합니다. 아직도 남북이 분단된 채 서로 다른 사상과 이념을 가지고 살아가고 있습니다. 이 민족을 불쌍히 여기시고 지켜 주옵소서. 남과 북의 위정자들이 하나님을 두려워하게 하시고, 예레미야와 같은 주의 종들이 많이 나와 부르짖음으로 하나님의 영광이 나타나게 하옵소서.

백여 년 전 순교의 씨앗으로 인해 믿음의 열매들을 맺게 하시며, 이제 복음을 수출하는 나라로 바뀌게 하심도 감사드립니다. 하지만 아직도 하나님을 모르는 백성들이 많이 있습니다. 이 민족을 불쌍히 여기셔서 온전히 주님만 섬기는 나라가 되게 하옵소서.

요나의 외침으로 니느웨 성 전체가 구원을 받았던 것처럼, 이 땅에도 회개의 역사가 다시 일어나 온 백성이 주님 앞으로 돌아오는 영광스런 광경을 저희들로 보게 하여 주옵소서. 그리하여 세계에서 예수 믿는 사람이 제일 많은 나라, 선교사를 제일 많이 파송하는 나라가 되게 하옵소서.

능력의 주 하나님! 이 사회를 위하여 저희가 먼저 바로 서게 하여 주옵소서. 온 교회와 성도들이 이 나라와 백성을 위하여 눈물의 회개를 할 수 있도록 도와주옵소서. 하루 속히 이 나라가 복음화 되고, 이 민족이 복음화 되어서 하나님 앞에 인정받고 복 받는 민족이 되게 하여 주옵소서.

특별히 세우신 이 나라 대통령에게 은총을 주시고, 하나님의 지혜를 얻어 다스리는 지도자가 되게 하시며, 국무총리 이하 말단 공무원에 이르기까지 국민을 내 형제와 같이, 나라 일을 내 일과 같이 봉사하는 공무원이 되게 하여 주옵소서.

오늘 이 시간 단 위에 세우신 목사님을 붙들어 주셔서, 저희들에게 생명의 말씀을 전하실 때에 성령 충만, 말씀 충만, 은혜 충만하여 저희들 심령 심령이 변화 받게 하시고, 놀라운 역사가 있게 하여 주옵소서.

예수 그리스도의 이름으로 간절히 기도합니다. 아멘.

5. 남북통일을 위한 기도

인류역사를 주관하시는 아버지 하나님! 저희들이 여호와의 의를 따라 감사하며 지극히 높으신 하나님을 찬양합니다. 한 주간도 평안과 안전으로 지켜주시고 인도하여 주셔서 하나님의 존전에 나와 예배를 드리게 하심을 감사드립니다.

남북의 긴장 상태 속에서도 하나님의 인도와 보호하심으로 평안을 허락하심을 감사합니다. 오늘까지 저희들을 지켜 주심으로 기동하며 호흡하게 하심을 감사합니다. 남북이 속히 하나 되게 하시고, 그리스도의 화해의 복음과 사랑으로 평화 통일이 되게 하여 주옵소서. 저들에게도 신앙의 자유를 주시고, 구속의 충만한 은혜를 받게 하여 주옵소서. 너무나 많은 젊은이들이 군복무의 수고를 감당하오니, 파수꾼의 경성함이 허사가 되지 않도록 지켜 주옵소서.

기도의 은혜를 베푸시는 아버지! 우리 교회가 죽어 가는 인류를 향하여 간구할 때 복음의 사역을 감당할 수 있도록 복 내려 주옵소서. 성도들의 생활에 복 주셔서 물질의 풍요로움을 허락하시고, 복음을 위한 헌신에 부족함을 느끼지 않도록 은총을 베풀어주옵소서. 우리의 이웃을 위해 기도하게 하시고 영혼 구원의 열정이 식어지지 않게 하옵소서. 그리스도의 향기에 취해 구속의 은혜로 인도되게 하옵소서. 인생의 한계를 만날 때마다 주 앞에 나와 기도합니다. 홍해를 가르신 하나님께서 저희들의 앞길을 열어 주옵소서.

　교회를 위하여 간구합니다. 연합하여 선을 이루기를 원하시는 하나님 아버지! 저희 온 교회가 하나 되게 하시고, 하나님의 크신 뜻과 의를 이루게 하여 주옵소서. 하나님의 교회를 섬기게 하셨으니, 지체의 사명을 감당하게 하여 주옵소서. 우리교회에 앞장서서 헌신하시는 주의 사자들과 장로님, 권사님들, 또한 여러 제직들과 기관장들이 있습니다. 각자의 역할에 충성하게 하시고, 기관마다 분야마다 활성화되게 하셔서 복음의 풍성한 결실을 할 수 있도록 복 내려 주옵소서. 하나님의 말씀으로 하나 되기를 원합니다.

　예수 그리스도의 이름으로 기도합니다. 아멘.

하나님 아버지! 이 시간 제직(임원) 헌신예배로 드리게 됨을 감사드립니다. 이 시간에 드리는 예배를 받아 주시고, 하나님께 대한 헌신의 결단이 우리 각자에게 이루어지는 시간이 되게 하여 주옵소서.

하나님께서 우리를 사랑하시고 귀중히 보시어서 교회의 직분과 책임을 맡겼사오나 충성되지 못하였고 성실하지 못했습니다. 이제 새롭게 맡은 직분을 잘 감당할 수 있도록 힘과 용기를 더하여 주옵소서. 이 헌신예배를 통하여 주님이 맡기신 일과 하나님 사업에 충성된 제직들이 되게 하여 주옵소서.

초대교회 집사들 같이 생명을 다하여 사명 감당하는 모습이 있기를 원합니다. 교만과 나태함으로 주님의 영광을 가리는 일이 없도록 겸손과 신앙의 덕을 겸비한 부지런한 일꾼이 되게 하시고, 맡겨진 일이 작건 크건 최선을 다할 수 있는 저희들 되게 하여 주옵소서.

교회뿐만 아니라 이 지역을 위해서도 구제와 봉사하는 일에 힘쓰기를 원합니다. 교회 안에서만 제직이 아니라 교회 밖에서도 주님의 일꾼 된 모습을 잘 보여줄 수 있는 제직들이 되게 하셔서 믿지 않는 자들로 하여금 그들도 하나님 앞에 영광 돌릴 수 있는 자리로 이끌 수 있는 신실한 종들이 되게 하여 주옵소서. 성도들에게 모든 일에 모범이 되는 제직들이 되게 하시고, 서로 섬기며 순종하는 제직들이 되게 하여 주옵소서.

제직들에게 성령 충만함과 지혜 충만함을 주시고, 은혜 충만함을 주옵소서. 믿음으로 하나님을 더욱 경외하고 말씀에 순종하며, 교회와 이웃을 더욱 사랑하게 하옵소서. 이를 통하여 하나님의 말씀이 점점 왕성하게 역사하심으로 교회가 날로 흥왕하게 하옵소서.

제직들의 가정과 경영하는 사업장마다 복을 내려 주셔서 물질로 주님의 교회를 섬기고, 이웃을 돌아보는데 부족함이 없게 하여 주옵소서.

교회의 머리 되시는 그리스도의 지체로서의 기능을 온전히 감당함으로 온전한 교회를 세워나가게 하시고, 하나님이 원하는 성경적인 교회로서 사명을 감당할 수 있게 하옵소서.

예수님의 이름으로 기도합니다. 아멘.

7. 여전도회 헌신예배 기도

은혜가 풍성하신 하나님 아버지! 이 시간 여전도회 회원들이 하나님께 헌신의 예배를 드리게 허락하여 주심을 감사하옵나이다.

하나님, 저희들은 여러 가지 일들을 핑계 삼아 주님의 일을 소홀히 해왔음을 솔직히 고백하오니, 저희들의 죄를 용서하여 주옵소서.

저희 여전도회 회원들은 각 가정의 주부들로서, 아내로서, 어머니로서의 역할을 감당하고 있습니다. 믿음으로 남편을 내조하고, 자녀를 양육하며, 가정에 충실한 여인으로서 그 본분을 다하게 하시고, 여전도회 회원으로서 주님의 일에 충성하는 지혜로운 여인들이 되게 하옵소서.

주님께서 제자들의 발을 씻겨 섬김의 본을 보여주신 것 같이, 주님을 본받아 겸손하게 다른 사람을 섬기며 사랑하게 하옵소서.

한나와 같이 기도의 승리자가 되고, 위기에 처한 가문을 구해낸 나발의 아내 아비가일과 같은 담대한 믿음과 지혜를 주시고, "죽으면 죽으리라"는 굳센 믿음으로 조국을 구해낸 에스더와 같은 믿음을 저희 여전도회 회원들에게 내려 주옵소서.

하나님 아버지, 금년도 저희 여전도회에서 계획한 모든 사업들이 차질 없이 믿음으로 실행되기를 원합니다.

저희들은 연약한 여성이지만 저희들을 믿음의 전신갑주로 덧입혀 주셔서 "땅 끝까지 이르러 내 증인이 되라" 하신 말씀대로 저희들이 복음을 전하는 일에 최선을 다하게 하여 주옵소서.

여전도회 헌신예배를 위해 보내 주신 목사님에게 능력을 주시고, 목사님을 통하여 주시는 말씀으로 나태한 저희 여전도회 회원들의 심령들을 일깨워 주시고, 변화 받아 새로워지고, 주님의 교회를 위해 헌신 봉사하는 놀라운 역사가 일어나게 하옵소서.

저희들이 드리는 이 예배를 기쁘게 받아주옵소서. 이 모든 말씀 거룩하신 우리 주 예수 그리스도의 이름으로 기도합니다. 아멘.

8. 남전도회 헌신예배 기도

참 좋으신 하나님! 이 시간에 저희 남전도회가 헌신예배로 드리오니, 하나님이 영광을 받으시고, 우리 가운데 주를 위해 살며, 하나님의 영광만을 위해 사는 다짐의 시간이 되게 하여 주옵소서.

저희 남전도회를 하나님께서 교회의 봉사기관으로 세우셨사오니, 회장을 비롯해서 모든 회원들이 하나가 되어 하나님의 뜻을 이루어 드리는 남전도회가 되게 하여 주옵소서.

또한 저희 남전도회가 글자 그대로 하나님의 말씀을 전하는 기관이 될 수 있게 해 주옵소서. 저희들은 약하오니 하나님이 함께하여 주셔서 하나님의 도구로서의 역할을 충실히 감당할 수 있는 남전도회가 되게 하여 주옵소서.

회원들의 발길이 닿는 곳마다 예수 그리스도가 전파되게 하시고, 배우고 확신한 일에 거하게 하시며, 믿음이 약한 자들에게는 믿음을, 실망한 자들에게는 위로와 평안을, 외로운 자들에게는 친구가 될 수 있는 남전도 회원들이 되게 하여 주옵소서.

저희 남전도 회원들의 직장과 가정을 기억하여 주시고, 각 처소에 복을 주셔서 주님을 섬기는데 부족함이 없게 하여 주옵소서. 저희들의 처한 각 처소에서 소금과 빛이 되어, 예수 그리스도를 전하는 남전도 회원들이 되게 하여 주옵소서.

회장을 비롯한 임원과 회원들에게 능력을 더하여 주시고, 남전도회가 발전함으로 교회 부흥의 중심 기관으로서의 역할을 감당할 수 있게 하여 주옵소서.

오늘도 말씀을 들고 서신 목사님께 능력을 더하여 주시고, 전하시는 말씀을 통하여 은혜 받고 깨달음을 얻어 한 해 동안 헌신하며 더욱 더 충성하는 저희들이 되게 하여 주옵소서.

우리를 죄에서 구원하신 예수님의 이름으로 기도합니다. 아멘.

우리의 힘이 되시고 지혜가 되시는 아버지 하나님!

하나님의 은혜를 찬양합니다. 주님이 주시는 힘으로 살다가 예배로 함께 모이게 하심을 감사합니다. 오늘도 저희들의 예배를 기뻐게 받아 주시고, 한없는 은혜와 기쁨의 시간이 되게 하여 주옵소서.

전 교인 수련회를 위하여 간구하오니, 기획에서 집행까지의 모든 과정을 주님께 맡깁니다. 오고가는 행로에 주의 천사들로 돕게 하셔서 안전하게 하시고, 은혜 중에 행사가 진행될 수 있도록 인도하여 주옵소서. 많은 성도들에게 교제의 계기가 되게 하시고, 인간관계의 형통함을 주셔서 서로 용납하며 이해하게 하시고, 그리스도의 사랑으로 용서의 훈련을 감당하는 수련회가 되게 하옵소서.

특별히 말씀의 사역을 감당하시는 목사님과 강사들을 기억하시고, 믿음과 말씀과 성령으로 충만케 하셔서 육이 죽고 영이 사는 소망의 시간들이 되게 하여 주옵소서. 회개의 운동이 일어나게 하시며, 결단의 은혜가 있게 하여 주옵소서. 이 일을 위하여 모든 성도들이 협력하게 하시고, 주의 사역에 동참할 수 있도록 시간들을 허락하여 주옵소서. 이번 행사로 인하여 더욱 연합하게 하심으로 구제하고 선교하며, 전도하는 일에 더욱 뜨거워지게 하옵소서.

우리 교회에 복을 내려 주옵소서. 베드로의 신앙 고백 위에 교회를 세우신 것과 같이, 저희 성도들의 헌신적인 믿음이 교회를 견고하게 하며 부흥시킬 수 있도록 인도하여 주옵소서.

오늘 하나님의 말씀을 전하시기 위하여 기도와 눈물로 준비하신 목사님을 기억하여 주옵소서. 성도를 아끼고 사랑하는 마음으로 복음을 증거 하실 때 믿음으로 받게 하옵소서. 하나님의 말씀을 생활의 푯대로 삼게 하셔서, 치우치지 않게 하시며 침륜에 빠지지 않게 하시므로 승리를 보장하여 주옵소서.

예수 그리스도의 이름으로 기도합니다. 아멘.

거룩하신 아버지 하나님! 이제 저희 교회 성경학교를 준비하고자 합니다. 모든 준비에 앞서 기도로 시작하게 하옵소서. 모든 교역자와 교사들이 먼저 은혜로 채워지게 하옵소서.

교사들과 아이들이 모두 참여할 수 있도록 도와주시고, 빈자리 없이 가득 채워 주시며, 아이들의 각각의 형편을 돌아보시고, 방해하는 세력과 역사를 막아 주옵소서.

성경학교를 통하여 어린 영혼들이 구원의 확신을 갖게 하시며, 마음을 열어 주님 사랑하는 마음을 눈물로 고백하는 감격의 성경학교가 되게 하여 주옵소서.

말씀의 풍성한 꼴을 먹이게 하시고, 유익한 프로그램으로 철저히 준비하여 질서 있게, 은혜롭게, 모든 것이 아름답게 이루어지도록 성령님께서 인도하여 주옵소서.

우리 교사들에게 어린 영혼들을 위해 깨어 기도하게 하시고, 사랑과 헌신으로 가르치며 섬기게 하여 주옵소서. 모든 일정을 성령님께서 지도하시고 인도하셔서, 아름답게 이루어 주시고, 저희들은 기쁨으로 사랑으로 섬기며 기쁨을 거두게 하옵소서.

예수님의 이름으로 간절히 기도합니다. 아멘.

"내가 거룩하니 너희도 거룩할 지어다"고 하신 하나님 거룩히 여김을 받으옵소서.

믿음으로 승리하는 삶을 살아가도록 귀한 은혜의 부흥회를 베풀어 주시니 감사를 드립니다. 하나님을 기쁘시게 하는 자의 믿음으로, 죽음을 보지 않고 옮겨간 에녹같이, 하나님을 기쁘시게 하는 믿음이 온전히 회복되는 은혜를 간절히 사모합니다.

이 시간을 통하여 살아계신 하나님을 만나서 막혔던 담이 무너지고, 병마가 치유되고, 맺힌 것이 풀리고, 간구하는 것이 다 응답되는 기적과 권능의 부흥회가 되게 하옵소서. 예수님이 친히 행하시는 치유의 사역과, 복음을 전파하시고 가르치시던 말씀의 기적과 능력을 체험하는 시간이 되게 하여 주옵소서.

성령으로 권능을 받고 예루살렘과 온 유대와 사마리아와 땅 끝까지 이르러 주의 증인되는 은혜도 허락하여 주시기를 기도합니다. 부흥회를 통하여 우리 교회가 더욱 성장하며, 은혜와 은사와 능력과 하나님의 권세로 충만하게 하옵소서.

하나님 아버지, 우리의 겉 사람을 깨트리시고, 속사람을 깨끗하고 강건하게 하여 주옵소서. 예수님 앞에 저희들의 연약함과 영육 간의 더러움을 자복하며 기도하오니, 저희의 죄를 흰 눈같이 깨끗하게 사하여 주시고, 은혜받기에 합당한 정결한 성령님의 전으로 변화되게 하여 주옵소서.

하나님께서 모세처럼 엘리야처럼 귀하게 쓰시는 목사님을 강사로 보내 주심을 감사드립니다. 바울의 몸에서 손수건이나 앞치마를 가져 다가 병든 사람에게 얹으면 그 병이 떠나고, 악귀도 나가던 능을 행하 시던 하나님, 그 능력이 오늘은 강사 목사님을 통하여 일어나게 하여 주옵소서.

귀한 생명의 말씀이 사모하는 영혼을 만족케 하시고, 굶주린 영혼들 에게 좋은 것으로 채워주시는 하나님의 은혜가 충만한 시간이 되게 하 옵소서.

해 돋는 데서부터 해 지는 데까지 여호와의 이름이 찬양을 받으심이 마땅하오니, 저희들의 찬양을 받으시고 영광을 받으옵소서. 저희들의 기도에 귀 기울이시고, 저희들의 간구를 들어 주옵소서.

회개의 눈물과 구원의 확신과 기쁨, 새로운 결단과 산 소망, 치유와 회복을 얻어, 독수리 날개 치며 올라감같이 새 힘을 얻는 은혜와 복된 부흥회가 되게 하여 주옵소서.

예수님 거룩하신 이름으로 기도합니다. 아멘.

"이러므로 남자가 부모를 떠나 그 아내와 연합하여 둘이 한 몸을 이룰지로다"(창 2:24).

하나님께서 창세 전에 택하신 귀하고 아름다운 (   ), (   ) 두 젊은이가 오늘 결혼예배를 드릴 수 있도록 은혜를 베풀어 주심을 감사합니다.

오늘 새 가정을 꾸리는 두 젊은이를 사랑해 주시고, 영혼이 잘 됨같이 범사가 잘되는 은혜를 허락하여 주옵소서.

하늘의 신령한 복을 주시옵소서. 땅 위의 기름진 복을 주시옵소서. 후손들의 복을 주옵소서. 영혼과 몸이 하나 되어 하나님이 주신 은사와 재능까지도 하나 되게 하옵소서.

지금까지 이들을 양육하며 교육시켜 주시며, 오늘이 있기까지 기도와 헌신을 아끼지 않으신 양가 부모님들께 하늘의 신령한 복을 풍성하게 주옵소서.

오늘 결혼식을 올리며 새 가정을 꾸리는 이 부부에게 복 주시고, 하나님 앞과 사람 앞에서 존귀함을 받는 아름다운 가정이 되게 하옵소서. 하나님의 위대하심을 드러내는 가정 되게 하옵소서.

예수 그리스도의 이름으로 기도합니다. 아멘.

13. 어른 생일 기도

　하나님께서 영원 전부터 예정하신 귀한 생명 (　　)씨를 이 땅에 보내시어 귀한 삶을 살게 하심을 감사드립니다.

　우리가 살 수 있고 일할 수 있고 건강한 몸으로 생활할 수 있게 하심은 하나님께서 무조건 베풀어 주신 은혜입니다.

　오늘 생일을 맞이하는 (　　)씨의 삶 가운데 평생토록 하나님께서 보호자가 되어 주옵소서.

　"사랑하는 자여 네 영혼이 잘 됨같이 네가 범사에 잘 되고 강건하기를 내가 간구하노라."고 하신 말씀과 같이, (　　)씨의 영혼이 잘되는 복을 주옵소서. (　　)씨의 범사가 잘되는 복과 건강의 복을 주옵소서.

　오늘 생일을 맞이하는 (　　)씨의 인생길에 하나님과 사람에게 사랑받고 하나님의 귀한 일을 감당하는 하나님의 사람이 되게 하여 주옵소서.

　예수 그리스도의 이름으로 간절히 기도합니다. 아멘.

이 세상의 모든 생명 있는 것들을 지으시고 오늘도 생명의 주인이 되시는 하나님 아버지! 베푸신 사랑과 은혜를 감사드립니다.

특별히 오늘 이 시간 (   )의 생일을 맞이하여 온 가족과 친척들, 또 믿음의 식구들이 한자리에 모여 감사 예배를 드립니다. 지난 날 힘들고 어려운 일들이 있었지만, 하나님께서 이기게 하시고, 늘 동일한 손길로 지켜 주셨음을 감사드립니다.

(   )에게 육신의 건강뿐 아니라 영적인 성숙과 성령의 충만함을 내려 주시기를 기도합니다. 그래서 이 가정이 사랑하는 (   )을 통해서 늘 승리하게 하시고, 기쁨과 감사가 넘치게 하옵소서. 또 주위의 모든 사람들의 본이 되어서 많은 사람들에게 유익을 끼치며, 하나님의 은혜를 나누어 주는 복의 근원이 되도록 인도하여 주옵소서.

주님께서 늘 함께하시고, 내년에 다시 생일을 맞이하는 시간까지 영육 간에 건강함과 주님의 인도하심을 따라 살아가는 귀한 믿음의 식구들이 될 수 있도록 지켜주옵소서.

예수님의 이름으로 기도합니다. 아멘.

15. 칠(팔)순 기도

    살아계신 하나님! 특별히 오늘은 (   ) 어르신의 (칠, 팔)순을 맞이하여 그 자손들과 일가친척과 성도들이 한자리에 모여 하나님께 감사 예배를 드립니다.

    (   ) 어르신은 예수님을 구주로 영접하고, 무엇보다 주님을 위해서 일생을 헌신하며 봉사와 충성을 하시는 가운데 자손의 복과 장수의 복을 주셔서 이 자리까지 오게 하심을 감사드립니다.

    하나님의 은혜 가운데 가정을 이룰 수 있도록 좋은 반려자를 만나게 하시고, 슬하에 많은 자녀를 허락해 주셔서 기쁨과 소망으로 살게 하시며, 자녀들을 훌륭하게 양육하여 좋은 일꾼들로 성장하게 하심을 감사합니다.

    은혜로우신 하나님, 오늘 칠(팔)순을 맞이한 (   ) 어르신은 하나님이 사랑하는 자요, 하나님이 기뻐하시는 자이오니, 남은 생애가 하나님의 은혜 가운데 주의 일을 하다가 주 앞에 서게 하시고, 잘했다 칭찬받으며 면류관을 쓰게 하옵소서.

    하나님 아버지, 자손들은 어르신의 그 넓고 깊은 사랑과 신앙을 상속을 받아 부모에게 더욱 효도하는 자손들이 되어, 성경에 약속한 복을 받아 누리게 하옵소서.

    예수 그리스도 이름으로 기도합니다. 아멘.

"한 번 죽는 것은 사람에게 정하신 것이요, 그 후에는 심판이 있으리니"(히 9:27).

인간의 생사화복을 주관하시는 하나님, (　　)씨가 이 땅에 사는 동안 후손들과 가족들을 주셔서 가문을 이루고 살 수 있게 해 주신 은혜에 감사드립니다.

이제 (　　)씨는 이 세상의 삶을 마치고 하나님의 품으로 돌아가오니, 이별의 슬픔에 잠긴 가족들을 위로하여 주시고, 이 기회를 통해 가족 간의 사랑과 화목으로 하나 되게 하시고, 후손들이 이 땅에 사는 동안 최고의 가치 있는 일인 주님을 만날 수 있는 기회를 허락하여 주옵소서.

이제 (　　)씨는 우리의 곁을 떠났지만, 후손들이 예수님을 구주로 영접할 수 있는 믿음을 주옵소서.

예수 그리스도 이름으로 기도합니다. 아멘.

우리의 영혼을 구속하시며 성도들의 힘이 되시는 하나님!

주 안에서 세상을 떠난 (   )씨가 이제 모든 수고와 시련을 끝내고 주님의 품안에서 영원한 안식을 얻게 하여 주시오니 감사합니다.

우리의 소망이 되시는 하나님, 주님의 높고 크신 경륜을 다 깨닫지 못하오나, 저희들로 하여금 주님의 약속과 영생의 복음을 확실히 믿고, 이 땅에서 어려움과 고통을 이기며, 하늘의 소망을 얻게 하여 주옵소서.

고인이 이 세상을 살 때 선한 모습으로 우리에게 본이 되었고, 또 믿음으로도 주님 앞에 순복하여 주님을 구세주로 영접하여 영생을 얻게 하심을 감사합니다. 저희들도 그의 뒤를 따라 하나님의 영원한 나라의 유업을 받게 하여 주옵소서.

장례를 잘 마치게 하신 주님께 감사를 드립니다. 이제 유족들을 위로하여 주시고, 또 수고한 모든 이들에게 주님의 크신 은혜를 더하여 주옵소서.

예수 그리스도의 이름으로 기도합니다. 아멘.

오늘 고 (   )의 (   )주년 추도예배를 드리게 됨을 감사드립니다.

이미 하나님 나라의 백성이 된 사랑하는 고 (   )에게 하나님께서 영원한 안식을 허락하심을 감사합니다.

하나님 아버지! 삶과 죽음, 이곳과 저곳으로 갈라져 있사오나 산 자와 죽은 자 모두에게 하늘의 영원한 은총을 베풀어 주옵소서.

또한 오늘날까지 고 (   )의 가족과 관계 깊던 모든 이들을 믿음으로 붙들어 주시고 인도해 주신 것을 진심으로 감사합니다. 우리들은 살아 있는 동안 부지런히 주님을 섬김으로 믿음의 아름다운 자취를 남길 수 있도록 인도하여 주옵소서.

또한 후손들은 먼저 가신 분이 못다 한 업적을 이어 나가게 하시고 고 (   )의 믿음을 자손들이 이어받게 하옵소서.

예수 그리스도의 이름으로 기도합니다. 아멘.

진리의 길을 보여 주시는 하나님! 주님의 영원하신 나라를 기대하며 예배드리게 하신 은혜에 감사합니다. 이 시간 저희의 모든 삶을 전폭적으로 드리며, 그 은혜에 감사하는 시간이 되게 하여 주옵소서.

먼저 저희의 죄를 고백합니다. 예수님의 고난을 망각하고 저희에게 맡겨진 십자가를 외면한 채 인간의 욕망과 헛된 목적을 위하여 살아온 죄를 용서하여 주옵소서. 저희들 속에 들어있는 거짓된 마음들을 성령의 능력으로 씻어 주옵소서. 주님의 은혜 안에 살면서도 늘 교만한 습성을 버리지 못하는 저희들을 긍휼히 여기사 용서하여 주시기를 원합니다.

인간의 몸을 입으시고 이 땅에 오셔서 십자가에 달려 죽으시기까지 하나님의 영광을 나타내고자 하셨던 주님처럼, 저희들도 주님의 영광을 위하여 겸손의 삶을 실천하는 주님의 사람이 되게 하여 주옵소서. 제자들의 발을 씻기셨던 주님처럼 진정으로 연약한 자들을 섬길 수 있는 마음을 주시고, 슬픔과 괴로움 속에서 한숨짓는 자들을 보면서 정성을 다해 주님의 위로를 심어줄 수 있는 저희들이 되게 하여 주옵소서.

교회의 머리가 되시는 주님! 주님의 몸 된 교회를 이곳에 세우셔서 죄 중에 헤매던 영혼들을 참 생명의 길로 인도할 수 있는 등대가 되게 하여 주심을 감사드립니다. 교회가 생명을 구원하는 등대임을 잊지 않게 하시고, 죄악에 빠진 영혼들을 살리기 위해서 늘 기도하고 전도하는 교회가 되게 하여 주옵소서. 교회에 발을 들여 놓는 자마다 낙심과 좌절이 변하여 새로운 희망을 얻게 하시고, 병든 심령들이 치료받는 주님의 능력이 나타나는 교회가 되게 하옵소서.

교회를 위하여 주님께서 친히 세우신 목사님을 성령의 능력으로 붙들어 주시고, 교회를 섬기며 양들을 보살피기에 부족함이 없도록 채워 주옵소서. 예배의 시종을 주님께 맡깁니다. 저희 심령이 주님의 말씀을 받을 때마다 성령의 뜨거운 역사가 있게 하여 주옵소서.

예수 그리스도의 이름으로 기도합니다. 아멘.

사랑의 하나님 아버지! 저희들에게 예수 그리스도를 통하여 참 생명과 천국의 소망을 주시고, 거듭난 백성이 되게 해 주시니 감사드립니다.

하나님 아버지, 우리 아이들이 전도를 하려고 합니다. 말씀과 기도로 무장하고 주의 복음을 담대히 전하는 전도자들이 되게 하여 주옵소서.

전도 사역을 감당할 때 하나님께서 친히 임하셔서 영광을 받으옵소서. 믿지 아니하는 많은 심령들이 저희의 전도를 받아 예수님을 영접하고 영혼이 구원받게 하옵소서.

전도대원들에게 성령의 충만함과 말씀의 지혜를 주시고, 친절하고 겸손함으로 전도하게 하옵소서. 전도 대상자들의 마음 밭을 옥토와 같이 준비시켜 주시고, 사단의 방해를 물리쳐 주옵소서. 전도대원들이 사역을 잘 감당할 수 있도록 지혜를 주시고, 담대함을 주옵소서.

전도를 통하여 저희들의 믿음이 더욱 성장하게 하시고, 하나님의 말씀을 더욱 의지하게 하옵소서.

예수님의 이름으로 기도합니다. 아멘.

많고 많은 사람들 중에 저희들을 구속해 주시고 하나님의 자녀로 삼아 주시고 하늘나라의 소망을 주심을 감사드립니다.

그러나 자녀답게 살지 못함을 용서하여 주시옵소서. 잘못된 저희들의 언행을 돌아보게 하시고, 그리스도인으로서의 새로운 언행으로 많은 사람들에게 덕을 세우는 생활이 되게 하여 주시옵소서.

이 시대를 바라볼 때 마땅히 깨어 기도할 때이므로 나라와 민족, 교회와 가정을 위한 기도의 운동이 날마다 일어나게 하시고, 기도에 응답을 많이 받는 교회로 소문나게 하여 주시옵소서.

세우신 목사님을 능력의 장중에 붙들어 주시고 건강 주시고 성령 충만, 말씀 충만 주셔서 양떼들을 먹이기에 부족함이 없게 하옵소서. 주님 안에서 수고하시는 부목사님, 전도사님들도 능력으로 붙들어 주셔서 은혜 가운데 거하게 하시고, 그 가정 위에도 주님의 평강이 넘치게 하여 주시옵소서.

어두움에 처한 백성들에게 복음을 주셨으니, 이제부터 저희들은 복음의 빛을 갚을 수 있도록 말씀으로 충만케 하여 주셔서 이 놀라운 지상 명령을 기쁨으로 순종하게 하여 주시옵소서.

예수님의 이름으로 감사하며 기도합니다. 아멘.

저희들을 죄악 세상 가운데 내버려두지 않으시고 또다시 하나님께로 불러주신 섭리와 사랑에 감사합니다. 하나님의 성호를 찬양할 수 있는 귀한 성도의 직분을 허락하신 은혜에 감사합니다. 주님의 자녀로 삼으사 저희로 하나님을 아버지라 부르게 하신 은혜에 감사합니다. 저희의 삶에 기쁨과 사랑이 넘쳐나게 도와주옵소서. 주님만을 바라보게 하시고 하나님이 지으신 이 산과 들이 푸르름을 더해 가는 것처럼 저희의 삶에도 희망과 사랑이 넘치게 도와주옵소서.

때때로 저희가 주님의 섭리와 계획에 순종하지 못하고, 육신이 약하여 성령의 소욕을 따라 행하지 못했으며, 의지가 약하여 선한 일을 이루지 못하였음을 용서하여 주옵소서.

교회의 머리가 되시는 주님! 교회를 위해서 기도합니다. 하나님의 부르심을 입은 자들의 공동체인 교회가 세상에서 방황하며 인생의 무거운 짐을 지고 고통하는 심령들에게 주님이 약속하신 신령하고 기름진 복을 나눠줄 수 있게 하시고, 안식과 평안을 심어줄 수 있는 교회가 되게 하여 주옵소서. 주님의 몸 된 교회가 솔선하여 허물이 있는 곳을 치유하고, 모자란 곳을 채우며, 분열된 곳을 하나 되게 하는데 최선을 다하게 하시고, 주님의 영광을 높이 드러낼 수 있는 교회가 되게 하여 주옵소서.

주님께서 세우신 기관들마다 하나님의 섭리에 순종하여 선하신 계획을 이루게 하시고, 특별히 기관을 감당하는 기관장들 위에 하나님의 사랑과 은혜가 늘 충만하게 역사하여 주옵소서. 우리 교회가 자신을 드리신 주님의 사랑을 본받아, 하나님의 영광을 나타내기에 최선을 다할 수 있는 복된 교회가 되게 하여 주옵소서.

주님이 기뻐 받으시는 향기로운 기도를 드릴 수 있도록 인도하여 주시고, 이 시대를 향한 주님의 음성을 저희가 알 수 있도록 지혜를 더하여 주옵소서.

예수 그리스도의 이름으로 기도합니다. 아멘.

하나님 아버지 감사합니다. 저희들을 사랑하셔서 영원한 복음의 비밀을 알려주시려고 이곳에 교회를 세워주시니 감사합니다. 하나님을 알지 못하는 자들을 구원하기 위하여 저희들로 증인을 삼으셨으니, 우리 교회가 구원의 방주로서 부족함 없이 하여 주옵소서.

교회 모든 교육 기관의 발전을 위하여 계획하며 기도하는 목사님과 모든 교역자들에게 주님의 은혜와 말씀과 기도의 능력이 충만케 하여 주시옵소서. 각 교육기관마다 금년에 계획한 교육 목표와 전도의 목표를 넘치게 감당할 수 있도록 은총 베풀어 주시고, 온 교우가 하나가 되어서 마지막 때에 어린이나 청소년이나 장년이나 노년이나 모두 말씀으로 무장하여 익은 곡식 거두어들이는 추수하는 일꾼들이 되게 하옵소서.

저희들 주위에는 어린아이로부터 노년에 이르기까지 하나님을 모르고 믿지 않는 이들이 너무 많습니다. 저희 성도들이 말씀으로 무장하여 저들을 구원하는 영혼 구조대가 되게 하옵소서.

예수님의 이름으로 기도합니다. 아멘.

전지전능하신 하나님!

황무지 같은 이 땅 위에 복음의 씨앗을 뿌려 주시고 교회를 세우시고 구원의 역사로 열매 맺게 하시니 감사와 찬송을 올려드립니다. 주님께서 저희들을 위하여 당하신 십자가의 고통을 생각하며 복음 사역을 헌신적으로 감당하는 선교사님들의 사역을 돕는 동역자가 될 수 있도록 은혜를 베풀어 주옵소서.

저희들은 작은 십자가도 지기 싫어서 회피하고 다가서지 않았던 지난날을 회개합니다. 복음의 결단이 있도록 용기를 주옵소서. 찬송과 기도로 성령의 은혜와 도우심을 간구하는 심령 위에 흡족한 은혜를 베풀어 주옵소서. 예배 중에 임하시는 주님의 은혜가 생수같이 흐르게 하여 주옵소서.

선교사역을 주관하시는 하나님! 이 땅 위에 흩어져 주님 나라의 확장을 위해 헌신하시는 많은 선교사님들을 위해서 기도합니다. 오늘 저희들이 일일이 선교 현장에는 동참하지 못한다 할지라도 눈물의 기도와 물질로 그 분들과 동역하게 하시며, 주님의 나라가 이 땅에 이루어지기까지 관심과 열정이 식어지지 않게 하옵소서. 가까운 이웃에게도 주님의 사랑을 증거할 수 있는 저희들이 되게 하여 주옵소서.

예수 그리스도의 이름으로 기도합니다. 아멘.

사랑의 하나님! 모든 인류의 소망이 되시는 주님께서 부족한 저희들에게 각각의 능력과 달란트대로 해야 할 일을 주셨음을 감사드립니다.

땅 끝까지 이르러 내 증인이 되라고 하신 주님의 말씀에 순종하여 다른 기후와 음식, 문화권에서 어려운 환경을 극복하며 주님의 일을 하고 있는 선교사들을 위해 이 시간 기도합니다. 그들에게 더욱더 영육 간에 강건한 힘을 더하여 주시고 그들의 가정에 복 내려 주시고, 함께하여 주시옵소서.

각각 그 나라의 방언에 익숙해져 그들과 대화하며 그들을 이해하는 데 언어의 장벽이 무너지게 도와주시옵소서. 주님의 말씀을 전파할 때 주님의 능력과 기사로써 오지의 많은 사람들이 주님의 살아 계심을 느끼고 주님을 믿게 하옵소서. 더욱이 이런 일들을 위해 물질적으로 어려움이 없도록 돕는 손길이 끊이지 않게 하시고, 돕는 손길들 위에 복 내려 주옵소서.

저들의 어려움을 아시는 능력의 주님, 오지에서의 모든 애로사항을 타개하여 주시고, 복음전파의 능력을 주시고 영적인 지혜와 권세를 충만히 부어 주셔서 각각의 임지에서 맡겨진 사명을 부족함 없이 잘 감당하게 도와주옵소서.

예수님 이름으로 기도합니다. 아멘.

아버지 하나님! 이 시간 태신자를 위하여 기도합니다.

누구나 복중에 어린 아이를 잉태하면 기뻐하며 축하하듯이, 우리 마음에 새 생명을 꿈꾸며 태중에 간직함을 기뻐합니다. 열 달 동안 조심하며 건강한 아이를 해산하듯이, 천하보다 더 귀한 '거듭난 새 생명'을 마침내 해산할 수 있도록 주님 도와주옵소서.

성령께서 태신자의 마음과 삶에 역사하셔서 구원에 이르는 부드러운 마음 밭으로 준비되게 하옵소서. 태신자의 마음을 감동하시어 영생을 갈망하게 하옵소서. 저와 만나는 모든 과정들을 통해 마음이 열려 예수님을 구주로 영접하는 역사가 일어나게 하시고, 교회와 예수님의 사랑을 깨닫게 하옵소서.

교회는 그리스도의 사랑으로 보살피며, 아름다운 교제가 생활 속에서 열매로 나타나게 하시며, 보다 넓은 마음으로 용납하며 소망으로 인내하며 믿음의 역사를 이루게 하소서.

그들과 교제하며, 자신이 가진 믿음에 덕을 세우며, 주님의 교회 안에서 함께 봉사의 일을 하게 하는 성숙함을 보여주는 성도들이 되게 하옵소서. 우리 모두가 하나님의 형제자매이며 한가족임을 알게 하옵소서.

예수님의 이름으로 기도합니다. 아멘.

한 생명을 천하보다 귀히 여기시는 하나님! 오늘 저희 교회학교에 새로 나온 친구가 있습니다. 기뻐 받아 주옵소서.

새로 믿기로 작정한 사랑하는 00이에게 성령의 은혜를 충만하게 주시고, 영혼이 거듭나게 하시고, 하나님의 진리를 깊이 깨닫게 하옵소서.

이제부터는 주님만 사랑하고, 하나님께 영광을 돌리는 생활을 할 수 있게 하시며, 00이의 가정에도 함께하시고, 부모님이 하시는 모든 일들이 잘되게 하여 주옵소서. 00이를 통하여 온 가족이 하나님을 섬기는 역사가 일어나게 하옵소서.

00이가 공부할 때에도 지혜와 총명을 주서서 공부 잘하게 하시고, 다른 친구들에게도 모범이 되게 하옵소서. 00이의 앞길을 주님께서 인도하여 주옵소서.

00이의 믿음이 날로 성장하여, 나중 된 자가 먼저 되게 하시는 우리 주님의 능력을 체험할 수 있게 하시고, 주님의 교회를 위해서도 귀하게 쓰임 받는 일꾼이 되게 하여 주옵소서.

예수 그리스도의 이름으로 기도합니다. 아멘.

우리를 긍휼히 여기시는 하나님 아버지! 언제나 은혜와 사랑으로 우리를 감싸주시는 하나님께 감사와 찬양을 올려드립니다.

원하는 것은, 000 씨가 (   )로 아픈 중에 있사오니 질병과 싸워 이길 수 있는 담대한 믿음을 주시고, 건강을 회복하여 더욱 하나님께 충성하며 봉사할 수 있는 은혜를 허락하여 주옵소서.

000 씨의 가족들에게도 힘을 주시고, 위하여 기도할 때 들어 응답하여 주옵소서. 이 시간 예배를 통하여 치료의 역사가 임하게 하옵소서.

저희들에게도 질병이 틈타지 못하도록 보호하여 주시고, 새 힘과 능력을 허락하셔서 신앙생활과 생업을 위해 열심을 다하게 하시고, 더욱 풍성한 성령의 열매를 맺는 생활이 되게 하옵소서.

저희들의 마음이 항상 주님의 말씀과 사랑으로 가득 차게 하시고, 주님의 지체로서 건강하게 성장할 수 있게 하시며, 서로 합력하여 선을 이루게 하옵소서.

주님의 말씀대로 살 때에 저희들과 동행하여 주시고, 온전한 믿음 생활을 할 수 있도록 성령님께서 인도하여 주옵소서.

예수님의 이름으로 기도합니다. 아멘.

여호와 라파, 치료의 하나님! 지금 병환 중에서 고통당하는 OO씨를 위해 기도합니다. OOO 씨가 (   )병으로 말미암아 심히 고통받고 있사오니, 전능하신 주님의 능력으로 치료의 광선을 비추어 주시고, 속히 나음을 입게 하옵소서.

이 땅에 오셔서 인간의 모든 질병을 대신 짊어지시고, 온갖 병과 약한 것을 친히 치유해 주셨던 주님, 지금 이 곳에 오셔서 OOO씨의 아픈 곳을 어루만져 고쳐 주옵소서. 더욱 강한 믿음을 허락하시고, 믿음으로 승리하게 하옵소서. 그리하여 OOO 씨가 더욱 주님만 바라보고 사랑하며, 주님께 더 가까이 나아가게 해 주옵소서.

결코 염려나 낙심하는 마음을 갖지 않게 성령으로 지켜 주시고, 부정적인 마음은 사탄이 주는 것임을 깨달아 물리치게 해 주옵소서. 담당 의사에게도 함께하시고, 실수 없이 진단하고 의술을 행하게 하옵소서.

OOO 씨의 가족들에게도 함께하시고, 위로하여 주시며, 믿음으로 주님께 맡기고 기도하게 하옵소서. 주님께서 고쳐주심을 믿으며, 예수님의 이름으로 기도합니다. 아멘.

하늘에 계신 우리 아버지! OOO 씨를 위하여 기도드립니다.

OOO 씨가 (   )병에 걸려 고통받고 있사오니, 오셔서 병마를 몰아내어 주시고, 질병과 질고로부터 자유하게 하시고, 주님을 찬양하게 하옵소서. 저를 향하신 하나님의 뜻을 이루사, 영혼이 기쁘고 즐겁게 하시고, 질병에서 놓임을 받게 하옵소서. 하나님의 보배로운 백성된 것을 감격하여 찬미하게 하옵소서.

예수님께서 십자가를 지실 때 죄와 죽음과 질병의 고통도 지고 가셨나이다. OOO 씨가 주님의 십자가를 바라보게 하시고, 새 힘을 얻게 하옵소서. 혹시 고백하지 못한 죄가 있다면 회개하고 용서함 받아 사죄와 자유함의 은혜를 누리게 하옵소서.

OOO 씨가 질병 중에라도 영적으로는 시험에 들지 않게 하시고, 주님을 찬양하는 굳은 믿음으로 끝까지 싸워 승리하게 하시고, 악한 질고 중에 건져 주옵소서.

나라와 권세와 영광이 주님께 있사오니, 주님 영광을 받으시옵고 OOO 씨에게도 은혜 내려주옵소서.

예수 그리스도의 이름으로 기도합니다. 아멘.

31. 고통 중에 있는 사람을 위한 기도

위로자 되시는 하나님 아버지, OOO씨가 (   ) 때문에 마음이 많이 아픕니다. 자신의 환경과 처지를 원망하며, 자기 올무에 걸려서 헤어나지 못하고 있습니다. OOO씨의 마음을 어루만져 주시고, 좀 더 긍정적인 시각으로 자신과 환경을 바라볼 수 있도록 도와주옵소서.

성령님께서 OOO씨의 마음에 오셔서 위로하여 주시고, 용기를 주옵소서. OOO씨가 당하는 고통을 속히 제하여 주옵소서. 지금 당하는 모든 것들이 오히려 큰 힘이 되게 하시고, 믿음이 자라고 교우들과 함께 열심히 기도하며, 하나님께 찬양하는 하나님의 귀한 자녀로 살아가도록 힘을 주옵소서.

예수님의 이름으로 기도합니다. 아멘.

하나님 아버지!

저의 모든 사정을 아시며, 가장 좋은 길로 인도하시는 아버지! 이 시간 제가 당하는 고통을 살펴 주시고, 문제를 해결해 주시기를 간구합니다.

고통이 심하여 마음의 상처는 점점 깊어 가고, 심령이 나약해 일어설 기력을 잃었습니다. 상황은 점점 악화되고, 오해와 불신의 골은 점점 깊어만 갑니다. 주여, 도와주옵소서. 이 혼란과 갈등 속에서 나를 속히 건져 주옵소서.

하나님 아버지! 남의 허물과 잘못을 먼저 지적하기보다는, 저의 잘못을 먼저 보게 하옵소서. 저를 비판하고 무시하는 사람을 향해 똑같은 말로 저주하고 비난하지 않게 하옵소서. 저에게 욕하는 사람을 불쌍히 여기고 기도하게 하옵소서. 악으로 악을 갚지 않고 선으로 악을 이길 수 있는 용기를 주옵소서.

합력하여 선을 이루시는 하나님을 온전히 믿사오며, 갈등과 고통을 선하게 해결해 주실 주님을 찬양하오며, 예수님의 이름으로 기도합니다. 아멘.

우리 인간의 삶을 섭리하시며, 보살펴 주시는 아버지 하나님! 크고 넓으신 사랑에 감사드립니다.

이제 시험을 치르게 된 00으로 하여금 당황하여 실수하는 일이 없도록 지혜로운 은총을 내려 주옵소서. 이 시험을 통하여 하나님의 사랑을 깊이 깨닫는 기회가 되게 하여 주옵소서.

사랑의 주님, 00이가 자기 자신의 노력과 재능만을 의지하고 시험에 임하는 어리석음을 범하지 않게 하여 주시고, 자신이 할 수 있는 데까지 힘쓰고, 부족함은 하나님의 은총을 기다리는 믿음을 주옵소서. 하나님께서 지혜를 주셔야만 아는 지식이라도 바르게 활용할 수 있사오니, 00이를 도와주옵소서.

부정직한 방법은 생각하지 않게 하시고, 이번 시험으로 신앙과 생활에 걸림돌이 되는 일이 없도록 하시며, 시험장에 들어갈 때 주님의 동행하심을 믿게 하시고, 시험의 답안을 작성할 때는 기도하며 실수하지 않도록 지켜 주옵소서.

지혜의 원천이신 아버지 하나님, 00이의 마음을 지혜로써 비추어 주시고, 기억을 새롭게 하옵소서.

예수 그리스도의 이름으로 기도합니다. 아멘.

지혜의 근원되시는 아버지 하나님! 우리 아이들이 (중간고사, 기말고사, 수능시험)를 준비하는 중에 있습니다. 우리 아이들에게 지혜와 명철을 허락하여 주옵소서.

학교 공부와 시험 준비로 매일 힘들고 어려운 가운데 있지만, 하나님께서 지치지 않도록 도와주시고, 건강을 지켜 주옵소서. 비록 머리가 나쁘고 실력은 부족하오나, 열심히 공부하고 최선을 다하고 있사오니, 하나님께서 도와주셔서 좋은 성적을 얻게 하여 주옵소서. 그 동안 배우고 공부했던 지식들을 최대한 발휘할 수 있게 하옵소서.

1등, 2등이 목표가 아니며, 좋은 성적을 받는 것만이 목표가 되지 않도록 하시고, 입시 때문에 마지못해 공부하지 않도록 하시며, 하나님이 주신 재능과 지혜를 다하여 하나님의 일꾼으로 자라는데 필요한 지식을 얻을 수 있도록 도와주옵소서.

항상 공부하기 전과 시험을 치르기 전에 하나님의 도우심을 구하는 기도를 하게 하시고, 시험을 통해서 배우고 공부한 것을 확인하는 시간이 되며, 자신의 실력을 정당하게 평가받는 시간이 되게 하옵소서. 언제나 하나님께 귀하게 쓰임 받는 일꾼으로 인도하여 주옵소서.

예수 그리스도의 이름으로 간절히 기도합니다. 아멘.

존귀하신 하나님! 주님께서 저희를 기도하게 하시려고 부르신 것을 알게 하시니 감사합니다. 주님의 사랑으로 충만케 하여 주옵소서. 주님께서 저희에게 주신 사명을 감당하도록 인도하여 주신 것을 감사합니다. 주님의 은혜 가운데 늘 거하도록 은총을 베풀어 주옵소서.

이제 얼마 있지 않아서 저희의 자녀들이 대학 입시라는 큰 관문을 통과해야 하는 시기에 와 있습니다. 그 동안 꾸준히 인내하며 학업에 전념하며 힘써온 시험 준비가 헛되지 않게 하시고, 좋은 결실을 맺을 수 있도록 함께하옵소서. 성실하게 공부해온 학생들에게 평강과 담대함을 허락하시고, 마지막까지 최선을 다할 수 있도록 도와주옵소서.

은혜의 주 하나님! 믿음의 눈을 뜨게 하셔서 저희의 삶을 되돌아 볼 수 있도록 하시고, 헛되고 잘못된 것을 진실하게 주님의 전에 고백하게 하시니 감사합니다. 무릇 여호와를 의지하고 신뢰하는 사람은 복을 받을 것이라고 하셨사오니, 저희가 주님을 의뢰하며 의지합니다. 주님의 은혜와 능력 속에서 언제나 살게 하시고, 믿음이 없는 세대에 더욱 큰 믿음을 갖게 하여 주옵소서.

이 시간 특별히 참석하지 못한 성도님들을 위해서 기도드립니다. 어느 곳에 있든지 이곳을 기억하게 하시고, 잠시라도 주님께 기도할 수 있는 은혜를 허락하여 주옵소서. 이 세대는 주님을 멀리하도록 유혹하지만, 담대하게 뿌리치고 주님의 전으로 나아올 수 있도록 인도하여 주옵소서. 저희에게 믿음을 더하여 주옵소서.

오늘 특별히 말씀을 전하시는 목사님을 성령의 능력으로 붙들어 주시고, 많은 사람들이 시련을 겪는 이 때에 소망의 메시지가 될 수 있도록 하여 주옵소서. 기도해야만 하는 이 절박한 때에 기도하기를 쉼으로 말미암아 믿음이 시들지 않도록 하여 주옵소서.

거룩하신 예수 그리스도의 이름으로 기도합니다. 아멘.

"여호와께서 너희 곧 너희와 또 너희 자손을 더욱 번창케 하시기를 원하노라"(시 115:4). "자식은 여호와의 주신 기업이요 태의 열매는 그의 상급이로다(시 27:3)."

모든 생명의 창조주 되시는 하나님 아버지! 오늘 이 시간 새로운 생명을 창조하신 하나님께 영광과 찬양을 드립니다.

하나님의 뜻하신 바가 있어서 이 가정에 새 생명을 잉태케 하셨사오니, 허락하신 생명을 사랑해 주시고, 세상에 나오는 날까지 산모와 태아를 강건하게 지켜 주옵소서.

특별히 생명을 잉태한 부모에게 은혜를 더하여 주셔서 생명을 키워 가는데 부족함이 없도록 하여 주옵소서. 새 생명이 탄생하는 기쁨을 누릴 수 있는 그 시간까지 하나님의 말씀을 사모하면서 항상 아름다운 뜻을 품고 생활하게 하시고, 선한 성품을 가진 아이가 이 땅에 태어날 수 있도록 인도하여 주옵소서.

이제 부모들로 하여금 하나님께서 양육하도록 위탁하신 새 생명을 잘 양육할 수 있는 마음의 준비와 여러 가지 준비를 잘 하여서 이 시대에 필요한 인물로 키우기에 부족함이 없도록 인도하여 주옵소서.

예수 그리스도의 이름으로 기도합니다. 아멘.

온 세상 만물의 창조주이신 하나님! 이 가정에 귀한 새 생명을 허락해 주심을 감사드립니다.

하나님의 계획 중에 새로운 생명이 이 가정에 허락된 줄로 믿사오니, 이제 아기의 부모에게 더 큰 믿음을 허락하셔서 사랑스러운 아기를 하나님의 뜻과 법도로 양육할 수 있도록 은혜를 베풀어 주옵소서. 새 생명을 통해서 하나님의 영광이 더욱 크게 나타나고, 이 가정과 부모에게 복이 되게 하옵소서.

하나님 아버지, 그 동안 새 생명을 잉태하고 온 정성을 다해 몸 안에서 기르다가 해산에 이르는 수고를 아끼지 않은 산모에게 몸과 마음이 회복되도록 도와주옵소서. 특별히 새 생명이 자라는 동안에 모든 악한 것들과 질병들의 공격으로부터 막아 주옵소서.

몸만이 아니라 지혜와 믿음도 날마다 커갈 수 있도록 인도하여 주시고, 이 시대와 이 나라에 꼭 필요한 큰 인물로 자랄 수 있게 하옵소서. 세상 살아가는 동안 하나님의 뜻을 잘 분별하고, 부모에게 순종하며, 형제간에 우애하게 하여 주옵소서. 하나님 앞에 사람 앞에서 인정받는 아이가 되게 하여 주옵소서.

예수 그리스도의 이름으로 간절히 기도합니다. 아멘.

살아계신 하나님 아버지! 새로운 장막으로 이사하게 하여 주시니 감사드립니다.

"사랑하는 자여 네 영혼이 잘됨 같이 네가 범사에 잘 되고 강건하기를 내가 간구하노라"는 말씀처럼 새로운 장막에서 하나님께 예배와 기도를 늘 드리므로 영혼이 잘 되고 범사가 잘 되는 은혜를 허락하여 주옵소서. 가족 구성원들이 서로의 삶을 소중하게 여기게 하시고 범사에 하나님의 은혜와 사랑이 가득 차고 넘쳐서 예수의 향기를 풍기는 가정이 되게 하옵소서.

기도할 때마다 가정의 문제, 자녀의 문제, 사업의 문제, 직장의 문제들이 다 해결되게 하시고, 이 가정에서 하는 모든 일마다 복되며, 삶속에서 풍성한 열매로 채워지는 복을 허락하여 주옵소서. 자녀들의 앞길이 활짝 열려 하나님과 사람 앞에서 존귀함을 받게 하옵소서.

하나님께 순종할 때 "들어와도 나가도 복을 받을 것이라"고 약속하셨사오니 이 가정이 하나님의 말씀에 순종함으로 복을 받아 누리는 가정이 되게 하옵소서.

예수 그리스도의 이름으로 기도합니다. 아멘.

살아계신 하나님! 오늘 이 가정이 하나님이 주신 새로운 사업을 시작하면서, 먼저 하나님께 감사 예배를 드리게 하시니 감사드립니다.

이 사업을 할 수 있도록 지혜를 주심을 감사드립니다. 많은 사람들이 이 기업을 위해 축복하며 기도하게 하옵소서.

하나님께서 친히 도우셔서 이 가정의 사업이 날로 번창하게 하여 주옵소서. 이 사업을 통하여 하나님의 나라를 세우는데 귀히 쓰임 받게 하옵소서.

이 사업을 경영하는 동안 세상적인 방법과 자신의 경험과 실력보다는, 하나님을 더 의지하게 하시고, 항상 이 사업을 이끌고 계시는 하나님의 능력을 체험하는 경영이 되게 하여 주옵소서.

이 사업이 확장되는 복을 주시고, 이 일을 통하여 하나님의 나라가 확장되는 일에 더욱 앞장서는 가정과 사업장이 되도록 복 주옵소서.

예수 그리스도의 이름으로 간절히 기도합니다. 아멘.

생사화복을 주관하시는 아버지 하나님!

사랑하는 아들(딸) (   )을 위하여 예수 그리스도의 이름으로 축복하며 기도합니다.

하나님은 (   )이의 삶을 통해 새로운 일을 행하시기를 준비하고 계심을 믿습니다. (   )이는 하나님의 사랑을 받으며, 큰 비전을 품고 나아가는 하나님의 복된 자녀입니다.

하나님이 (   )이의 발걸음을 인도해 주시고, 하나님의 은혜로 (   )이를 항상 채워 주옵소서. 하나님의 선하심과 인자하심이 늘 (   )이와 함께하여 주옵소서.

하나님의 은혜로 (   )이에게 기회의 문이 열리고, 하나님의 은혜로 (   )이에게 성공이 다가오며, 하나님의 은혜로 모든 사람들이 (   )이를 신뢰하고 돕게 하옵소서. 하나님이 주시는 놀라운 능력으로 무한한 능력을 펼치는 큰 일꾼이 되게 하옵소서.

예수님의 이름으로 축복하며 기도합니다. 아멘.

사랑의 하나님! 저에게 좋은 부모를 주시고, 부모님을 통하여 저희에게 필요한 모든 것을 주심을 감사드립니다.

자녀들의 성실하고 착한 삶을 통해 하나님께는 영광이, 부모에게는 기쁨과 보람이 되는 은혜도 아끼지 마옵소서. 또한 자녀인 저희는 부모를 통하여 배운 것을 실천하고 기억하며 살아가게 하옵소서.

저희 부모에게 필요한 은혜가 무엇인지 아시는 하나님, 부모님의 필요를 넉넉히 채워 주시고, 그 생애가 하나님의 은혜로 차고 넘치게 하옵소서.

주님, 더욱더 부모를 위해 기도하는 자녀가 되게 하옵소서. 부모를 기쁘게 해드리고, 공경하는 것이 이 땅에서 행복하고 장수하는 비결임을 깨닫게 하옵소서. 순종이 억지가 되지 않게 하시고, 섬김을 미룸으로 후회하지 않게 하여 주옵소서.

"자녀들아 주 안에서 너희 부모에게 순종하라 이것이 옳으니라 네 아버지와 어머니를 공경하라 이것은 약속 있는 첫 계명이니 이로써 네가 잘되고 땅에서 장수하리라."고 하신 하나님의 말씀대로 부모에게 순종하는 삶을 살게 하옵소서.

예수님의 이름으로 기도합니다. 아멘.

42. 학습 받는 이들을 위한 기도

아버지 하나님!

오늘도 주의 백성을 인도하사 학습을 받게 하시니 그 은혜와 사랑에 감사와 찬양을 드리나이다. 은혜로우신 아버지! 이 시간에 성령으로 이들에게 조명하여 주셔서 저들의 영혼에 광명이 있게 하시며 이 세상 풍조를 따르지 않고 저 높은 곳, 하나님의 나라를 향한 소망을 품도록 도와주옵소서.

주 예수님을 마음에 모신 감격과 그 행복이 아직까지 깊고 뜨겁지도 못합니다. 주님 연약한 저들에게 주의 광명한 빛을 비추사 자기 자신을 바로 볼 수 있게 하여 주옵소서. 인간의 죄악을 위하여 친히 십자가에 매달려 죽으심으로 저희들을 구원해주신 하나님의 독생자 예수 그리스도를 구주로 영접하며 십자가의 대속의 사랑을 날마다 깊이 깨닫게 하시옵소서. 성경을 하나님의 말씀으로 믿고 매일의 영혼의 양식으로 삼고 주일을 성수하며 주안에서 교우들과 사랑의 교제를 나누며 주의 율례와 법도를 익혀가게 하시옵소서. 옛 사람은 죽고 새 사람이 되는 거듭남을 체험케 하옵소서. 성령 충만하고 그리스도를 덧입기까지 장성하도록 인도해 주옵소서. 믿음이 성장하게 하시고 이웃에게도 본이 되어 저들로 하여금 하나님을 믿는 사람이 어떻게 변화되어 가는지를 깨닫게 하옵소서.

하나님 아버지! 오늘 학습을 받는 모든 이들로 인하여 영광을 받으시오며 이들과 일생토록 동행하여 주시옵소서. 이들이 주님을 모시고 살아갈 때 벅찬 환희와 기쁨을 누리게 하시옵소서.

주 예수님의 이름으로 기도하옵나이다. 아멘.

43. 세례 받는 이를 위한 기도

임마누엘이 되신 하나님 아버지!

"너희는 가서 모든 족속으로 제자를 삼아 아버지와 아들과 성령의 이름으로 세례를 주고 내가 너희에게 분부한 모든 것을 가르쳐 지키게 하라"고 하신 말씀에 순종하여 이 시간 주님을 진실로 받아들이고 주님과 교회 앞에서 신앙 고백을 하는 성도들에게 하나님의 크신 은혜로 함께하여 주옵소서. 세례를 받을 때에 삼위일체되신 하나님께서 이 자리에 임재하시고 세례 받는 모든 이들에게 임하셔서 주님과 연합하는 복된 시간이 되게 인도하여 주옵소서. 이 귀한 예식이 그저 형식으로 그칠 것이 아니라 성령의 불로 심령을 깨끗이 씻어주시사 온전히 새로워지며 주님의 사랑으로 가슴깊이 새겨질 수 있도록 인도하옵소서.

오늘 세례를 받는 이들을 이 귀한 시간에 크신 은혜로 충만케 하시며 이 순간을 숨이 다하는 날까지 결코 잊지 않게 주께서 그들의 심령 속에 새겨 주옵소서. 이 예식을 통하여 새 생명을 주셨사오니 그 생명이 약동하여 끊임없이 성장해 나가게 하옵소서. 극히 작은 겨자씨가 자라서 큰 나무가 되어 새들이 그 가지에 둥지를 틀고 깃들이듯이 크게 성장할 수 있도록 역사하여 주옵소서. 주님, 이들이 모든 죄악을 버리고 예수님의 가르침과 본을 따라 살기로 서약을 했습니다. 그리고 교회의 치리에 복종하고 교회에 덕을 세우는 일에 힘쓰며 교인으로서의 의무와 권리를 바르게 행사하기로 서약을 합니다. 이 서약이 영원토록 변치 않게 하옵시고 그리스도의 형상을 이루기까지 해산하는 수고를 아끼지 않게 하옵소서.

예수님의 이름으로 기도합니다. 아멘.

44. 유아세례 기도

지극히 거룩하신 하나님 아버지! 꽃처럼 예쁘고 사랑스럽고 귀여운 어린 아이들을 이처럼 성별해 주시니 감사합니다.

어린 아이들이 가까이 오는 것을 금하지 말라고 하시며 누구든지 어린 아이들처럼 하나님 나라를 받들지 않고서는 하나님 나라에 갈 수 없다고 말씀하신 아버지 하나님! 오늘 이 제단에 어린 자녀들을 많이 불러 주셔서 유아세례를 받게 하심을 감사하오며 아버지의 섭리와 사랑을 인하여 찬양을 드리나이다.

이 어린 아이들이 예수 그리스도의 피로 씻음 받고 성령의 새롭게 하는 은혜를 받아 지혜와 키가 자라가면서 하나님과 사람들에게 사랑을 받게 해 주옵소서. 이 아이들이 온전한 주님의 도구가 되기까지 쉬지 않고 기도하며 그리스도의 말씀과 은혜로 양육하기를 다짐하는 부모님들에게 믿음을 주시옵소서. 이 아이들은 하나님이 주신 선물임을 깨닫고 인간의 욕심을 따라 양육치 않고 하나님의 율례와 법도로 훈계하며 말씀으로 양육하여 하나님의 자녀로 키우는 책임을 다하는 부모님들이 되게 하옵소서. 이제 오늘 이후로 이들 어린 심령들이 부모님들의 기도와 성령의 능력 안에서 믿음이 더욱 성장해 그리스도를 닮아가게 하시고 하나님의 사람들이 다 되어 귀하게 쓰임 받게 하옵소서. 이 아이들을 통하여 주님께서 영광 받아 주시기를 바라오며 예수 그리스도의 이름으로 기도합니다. 아멘.

독생자 예수 그리스도를 아끼지 않으신 하나님 아버지!

죄와 허물 많은 인생들을 구원하기 위해 살을 찢고 피 흘리시며 십자가에서 돌아가신 주님! 주님의 크신 사랑과 은혜에 머리 숙여 경배를 드립니다. 주님께서 저희에게 은혜로써 성찬식을 허락하여 주셔서 감사합니다. 이 거룩한 예식을 거행함으로 잠든 영혼이 깨어나고 병든 심령이 소생하며 나태한 신앙이 새로워 질 수 있는 귀한 기회로 삼을 수 있게 하시니 감사를 드립니다. 특별히 이 성찬예식을 통하여 주님을 믿기로 작정한 심령들이 이제는 교회 앞에서 공적으로 신앙을 고백하게 하시옵소서. 주님의 살과 피를 저희가 먹고 마심으로 주님의 고난에 동참하여 주님과 신비로운 관계를 이루어 나갈 수 있게 축복해 주심을 진심으로 감사드립니다.

자비로우신 하나님 아버지! 지난날 아버지의 말씀에 순종치 않고 아버지의 명령을 거역하고 떠나 살아온 저희의 허물과 죄를 용서하여 주옵소서. 탐욕과 이기심으로 더럽혀진 저희들에게 베푸신 사랑을 헌신짝처럼 버리고 이웃을 미워하고 비방하며 마치 나 외에는 아무도 없는 것처럼 교만한 마음으로 살아왔나이다.

주여! 이와 같이 주님의 살과 피를 먹고 마시는데 참여할 수 없는 저희에게 죄를 묻지 않으시고 한결같은 사랑으로 감싸주시는 주님의 한

없는 은혜에 의지하여 이렇게 나아왔사오니 주님의 피 묻은 손으로 저희의 떨리는 심령을 어루만져 주시옵소서.

주님! 주님께서 잡히시던 날 밤에 제자들에게 떡을 떼어주시고 잔을 나눠주신 그 의식을 기념하라고 하신 주님의 명령에 따라 이렇게 식탁을 준비하였사오니 성령께서 이 가운데 함께하여 주시옵소서. 저희가 떼는 떡으로 그리스도의 몸에 참예하고 저희가 나누는 잔으로 그리스도의 피에 참여하고자 합니다. 저희가 이 떡을 먹고 잔을 마실 때마다 그리스도의 고난을 상기하게 하여 주시옵소서. 이 시간 주님의 몸을 분별하지 못하고 살아온 저희의 가증한 삶을 깊이 회개하면서 떡과 잔을 받으려 하오니 저희 믿음이 날로 강건해지고 그리스도의 모습을 닮아가게 하여 주시며 주님의 한없는 은혜로 충만케 하여 주시옵소서.

임마누엘 되시는 하나님 아버지! 이 자리에 모인 모든 성도들에게 그리스도의 살과 피에 참예하는 은총을 내려주시며 그리스도의 고난에 동참하는 믿음도 허락하여 주시옵소서. 그리스도의 십자가의 고난을 바라보면서 저희의 괴로운 현실을 극복해 나가며 그리스도를 따르는 데서 생겨나는 여러 가지 어려움들을 이겨내게 하여 주시옵소서. 이 식탁에 참예하는 성도들이 새롭게 믿음의 결단을 하며 복음의 증거자로서의 사명도 새롭게 인식할 수 있도록 인도하여 주시며, 주님의 고난의 현장에서 모두 도망쳐 버린 것과 같은 죄를 저희는 범하지 않도록 믿음으로 무장시켜 주시옵소서. 예배의 순서 위에 성령님께서 역사하시며 참여한 모든 성도들이 은혜 받고 돌아갈 수 있게 역사하여 주옵소서.

우리 주 예수 그리스도의 이름 받들어 기도하옵나이다. 아멘.

오늘도 일곱 금 촛대 사이에서 일곱 별을 붙드시고 불꽃 같은 눈동자로 저들의 삶을 눈동자같이 지켜보시는 권능의 하나님 아버지!

이 시간도 사랑하는 주님의 양떼들을 위하여 수고하시며 말씀을 준비하시는 주님의 사자들을 위하여 기도드립니다. 주님의 사자들이 말씀을 선포하실 때마다 영력을 칠 배나 더하시고 사랑과 은혜로 더욱 충만케 하옵소서.

날이 갈수록 메마르고 강퍅해져 냉랭한 우리들의 영혼 속에 권능과 능력의 말씀 선포로 굳게 닫힌 마음의 빗장을 열어 주옵소서. 이른 비와 늦은 비의 은혜를 충만케 하여 주시고 무엇보다도 특별히 원하옵기는 기름 부어 세우신 주님의 귀한 사자님들의 가정에 평안과 건강으로 함께하여 주시옵소서. 잃어버린 한 마리의 양을 위하여서도 참고 견디는 넉넉한 마음의 여유로 성령의 열매가 충만한 목회 여정이 되게 축복하여 주시기를 기도합니다.

사랑과 은혜가 풍성하신 하나님 아버지!

한 생애를 오직 복음 전파를 위하여 희생과 봉사를 아끼지 않으시는 목사님들의 귀한 삶 속에 주님의 넘치는 위로와 축복이 함께하실 줄 믿습니다. 날마다의 삶속에 기름지고 풍성한 축복으로 역사하여 주시옵소서.

상한 갈대를 꺾지 않으시고 꺼져가는 등불도 끄지 아니 하시는 아버지 하나님! 오늘도 상하고 주린 영혼들의 아픔을 치유하기 위해 말씀을 선포하시는 귀하신 목사님들 가정과 교회 위에 놀라우신 주님의 사랑과 평안으로 충만하게 채워 주소서.

예수님의 이름으로 기도합니다. 아멘.

우리의 구원의 능력이신 하나님 아버지!

주의 몸 된 교회를 위하여 헌신 봉사할 충성된 종들을 세우는 장로 장립식을 갖게 하시니 감사합니다.

호렙 산 아래서 방황하는 이스라엘 백성을 지도할 믿음의 기둥들을 세우신 하나님께서 오늘 많은 교인들 중에서 특별히 이들을 선택하여 이 교회의 장로로 세워 임직 받게 해 주심을 진심으로 감사드립니다.

하나님 아버지!

이제 기름 부어 세우실 종들에게 성령의 기름 부으심이 충만케 해 주옵소서. 힘과 능력만이 아닌 오직 하나님의 신에 힘입어 교회를 섬기도록 권능을 덧입혀 주옵소서. 세움을 받은 저들이 섬김을 받으려 하지 않게 하시고 많은 사람을 위하여 섬기는 자들이 다 되게 해 주옵소서. 귀한 직분을 맡은 만큼 책임도 무겁사오니 인간의 지식과 힘이 아닌 성령에 힘입어 지혜와 겸손과 충성으로 교회를 받들게 하옵소서. 또한 하나님의 원하시는 뜻이 무엇인지를 바로 보는 영안을 갖게 하사 죽도록 충성할 것을 다짐하는 시간이 되게 하여 주옵소서. 이제 교회를 섬기는 자로서 모범을 보이게 하시며 치리 회원으로서 다른 당 회원들과 사랑의 협력으로 목사님을 보필하며 교회의 각 부서를 돌아보고 교회의 부패를 방지하며 행정과 권징 관리의 소임을 다하게 하시옵소서. 주님 사역에 동참코자 할 때마다 어려움이 뒤따르고 십자가를 짊어져야 하는 고난이 때로는 있을 수 있으나 그때마다 엘리야처럼 기도로 극복할 지혜와 힘을 주시옵소서. 교회를 위해 봉사할 때에 여호수아와 갈렙같이 성도들을 승리와 성공으로 인도하게 하옵시며 이들이 이 놀라운 직무를 수행하기에 필요한 은총의 손길을 베푸사 가정적인 복과 사업적인 복을 더하여 주시옵소서. 또한 건강의 복과 심령의 윤택함을 더하여 주시고 자녀들도 주의 길로 바로 가는 은혜를 베풀어 주시옵소서. 인간의 명예나 영광을 위해서가 아니라 하나님의 영광과 거룩한 뜻을 이루는데 귀히 쓰임 받게 하여 주시옵소서. 저들을 통하여 이 교회가 과거에 하지 못했던 놀라운 일들을 해낼 수 있도록 능력을 칠 배나 더 하옵소서.

예수님의 이름으로 기도합니다. 아멘.

거룩하신 하나님 아버지! 은혜와 사랑을 감사드립니다.

아버지 하나님의 경륜과 섭리를 따라 교회를 세우시고 복음의 확신과 교회 부흥 발전을 위해 제도를 만드셔서 오늘 주의 몸 된 제단을 위하여 봉사할 충성된 일꾼들을 세우는 집사 안수식을 허락하여 주심을 감사하옵나이다.

이 경사스러운 날 이 모든 영광을 주님 홀로 받아 주시옵소서.

예루살렘 교회에 지혜와 성령이 충만한 일곱 집사를 세우신 그대로 오늘 이들을 이 교회의 집사로 세워 주셨사오니 직분 감당할 능력과 지혜와 충성된 심령을 허락하여 주시고 순교하기까지 직분에 충성했던 스데반과 같은 종들이 되게 도와 주옵소서. 성령으로 충만케 하셔서 이 교회가 집사님들을 통하여 섬김과 사랑으로 넘치게 하옵소서. 또한 저들이 구제와 섬김으로 주의 몸 된 교회를 섬길 때에 하나님의 신으로 충만케 하옵소서. 또한 교회의 각종 부서를 맡아 봉사하며 교우들의 신임과 존경을 받게 하시며 깨끗한 양심에 믿음의 비밀을 간직한 자들이 되게 하여 주시옵소서. 집사로서 책망할 것이 없게 하시고 성령과 말씀의 지혜도 충만케 하셔서 주님의 복음도 자신 있고 담대하게 증거할 수 있는 능력도 허락하여 주시옵소서.

"이제 육체의 남은 때는 육체의 소욕대로 살지 않고 하나님의 영광을 위하여 살리라 내 건강도 내 지혜도 내 열심도 내 시간도 내 노력도 내 물질도 하나님의 영광을 위한 도구로 삼으리라"고 마음 깊이 맹세하고 결단하는 시간되게 하여 주옵소서. 그리고 이들을 통하여 그동안 하지 못했던 교회 사역들이 이루어지도록 역사하여 주옵소서. 그리고 맡겨진 귀한 직무를 감당하기에 필요한 것이 무엇인지 아버지만이 아십니다. 다섯 달란트 맡길 만한 사람에게 그렇게 맡겨 주셨고, 두 달란트 맡길 종에게는 그렇게 맡겨 주신 것처럼 이들에게도 달란트를 맡겨 주셨사오니 잘 감당할 수 있는 지혜와 능력과 물질적인 환경과 사업환경과 가정환경을 보장해 주옵소서.

아버지 하나님! 초대 교회에 세우셨던 일곱 집사들처럼 영광은 하나님께, 부흥과 발전은 교회에 있게 하옵소서.

예수님의 이름으로 기도합니다. 아멘.

때를 따라 은혜를 내리시는 하나님 아버지! 구원의 역사를 친히 이루어 가시고 강권적인 은혜로 쓰실 종들을 세우시는 주님의 인도하심에 감사드립니다.

특별히 오늘은 여러 성도들의 모범이 되시는 여종들을 세우는 권사 취임식을 저희 교회에 허락하여 주심을 진실로 감사드립니다.

주 하나님 아버지! 사랑하는 딸들이 주님의 교회를 몸과 마음을 다하여 섬기고자 이 자리에 머리 숙여 다짐하고 있습니다.

아버지 하나님! 이 시간에 귀한 직무를 받는 여종들을 성령으로 충만게 하여 주시옵소서. 이 직분이 결코 자신의 명예도 영광도 아님을 알게 하여 주옵소서. 오직 마리아처럼 '주의 계집종이오니 주의 뜻대로 하옵소서.'라는 마음으로 주님께 헌신할 수 있도록 인도해 주시옵소서. 여러 힘든 일들로 인해 남몰래 고민하고 갈등하는 이웃들에게 주님의 사랑의 마음을 가지고 찾아가서 위로할 수 있게 하시고, 주님의 평강과 복을 빌어주는 발걸음이 되게 하옵소서.

아버지! 저들이 이 귀한 직분을 감당할 때에 먼저 주님을 사랑하는 뜨거운 가슴이 있어야겠습니다. 그리하여 교회의 덕을 세우며 또한 교역자들을 도와서 주님의 말씀과 은혜의 사역이 곳곳에 미치게 하시며 불신자들에게까지 덕을 끼치게 하시옵소서. 권사님들의 헌신적인 믿음의 실천을 통하여 우리 교회가 다시 한 번 부흥 성장하는 귀한 역사가 일어나게 하옵소서.

맡은 바 직분을 잘 감당할 수 있도록 건강을 허락해 주시며, 그 가정 위에도 축복하셔서 물질적으로 풍요롭게 하시며 자녀들도 지혜롭게 총명하게 하시고 예수님을 닮게 하시고 친구들과 이웃에게 덕을 끼치는 모범적인 자녀들이 되게 인도하여 주옵소서.

하나님 아버지! 평생을 주님만을 의지하고 교회를 위해 헌신 봉사하는 귀한 여종들이 되게 인도하여 주시기 원합니다. 늘 성령 충만함과 심령에 은혜와 기쁨이 충만하게 하시옵소서.

예수님의 이름으로 기도합니다. 아멘.

우리의 구원이시오, 산성이시오, 바위시오, 방패가 되시는 하나님 아버지!

이 자리에 오셔서 감사와 영광과 존귀와 찬양을 받아주옵소서. 저희들이 긴 세월 동안 힘과 노력, 땀 그리고 물질을 바쳐 주님의 집을 아버지 앞에 봉헌합니다. 이 성전은 임마누엘이 되시는 하나님의 표적임을 믿습니다.

이 성전은 주님의 백성들의 믿음의 결실이요 기도의 산물입니다.

이 성전은 하나님 아버지께서 친히 임재하시고 주님이 부르신 백성들을 만나시는 곳입니다. 이제 이 성전에서 기도하고 예배하는 자마다 하나님을 만나게 해 주옵소서. 기도의 응답을 받게 해 주시옵소서. 죄인은 회개하고 병든 자는 고침을 받고 복을 받는 역사가 있게 하옵소서.

인자하시고 진실하신 하나님 아버지! 이 교회를 이곳에 세우심은 지역사회를 섬기라는 뜻이 있는 줄 믿습니다. 이 교회가 하나님의 뜻을 소홀히 여기지 않게 해 주옵소서. 주님의 재림이 임박한 이때에 시대적인 사명도 깨닫게 하사 사명을 감당하기에 부족함이 없게 하여 주시옵소서.

하나님 아버지! 봉헌하는 이 교회를 받으시고 보좌에 좌정하셔서 저희들을 만나주시옵소서. 하나님을 만난 자만이 신령한 생활을 할 수 있고, 하나님의 뜻을 이룰 수 있는 줄 믿습니다. 하나님께서 명하신 일들을 잘 감당하여 잘했다 칭찬 받는 성도들이 다 될 수 있도록 큰 복을 내려 주옵소서.

거룩하신 예수님의 이름으로 기도합니다. 아멘.

사랑의 하나님 아버지!

그 동안 주님의 은혜와 넘치는 축복으로 교회가 부흥 성장하였습니다. 오늘 다음 세대를 위해 이 아름다운 교육관을 지어서 주님께 헌당 예배를 드리게 하시니 감사합니다. 이 교육관은 사람의 소유가 아니요, 하나님께서 주인이 되시어 사랑하는 자녀들이 교육받는 장소로 사용되도록 도와주시기를 기도드리옵나이다. 이곳에서 우리 자녀들이 말씀 안에서 자라나고 장성한 믿음의 분량에 이르게 해 주옵소서. 이곳에서 하나님의 말씀을 가르칠 훌륭한 일꾼들도 보내 주옵소서. 이곳이 신앙교육을 위한 산실이 되게 하옵소서. 저희와 자녀들이 이곳에 와서 그리스도의 인격과 성품을 배우고 익히며 주님과 같이 의롭고 성결하며 거룩한 종들이 되어 이 세대를 구원할 빛과 소금이 되게 하여 주시기를 기도합니다.

하나님 아버지! 교사들이 주님을 사랑하는 마음으로 어린 영혼들을 위해 눈물의 기도 탑을 쌓게 하시고 배우는 학생들에겐 지혜와 명철을 주시어 말씀 안에서 슬기롭게 자라 모세처럼, 사무엘처럼 귀한 하나님의 사람들로 성장시켜 주옵소서.

오늘 이 헌당식이 있기까지 기도와 물질로 헌신한 하나님의 권속들을 일일이 살펴주시고 복을 내려 주옵소서. 특히 이 교육관 공사를 직접 시행한 모든 형제자매들을 위로해 주시고 이 교육관을 하나님께 드리고자 모인 하나님의 권속들 한 심령 심령마다 더욱 크신 은혜로 함께하여 주시옵소서.

이 모든 말씀 우리 주 예수님의 이름으로 기도하옵나이다. 아멘.

교회의 몸이 되시고 머리가 되시는 하나님 아버지!

00년 전 이곳에 터를 닦으시고, 저희 00교회를 세워주시고 혼탁한 세상 속에서도 저희 교회가 잘 박힌 못같이 흔들리지 않고 계속 성장해 온 것을 진실로 감사드립니다. 오늘 창립 00주년 기념일을 맞아 이 교회를 섬기는 사람들과 믿음의 권속들이 모여 창립기념 예배를 드리게 해 주심을 진심으로 감사드립니다.

"눈물로 씨를 뿌리는 자는 기쁨으로 단을 거둔다."는 말씀대로 저희 교회가 초창기에 몇 명의 성도가 눈물로 겨자씨를 심듯이 말씀의 씨앗을 뿌렸더니 이제는 그 겨자씨가 자라서 공중에 나는 새가 깃들 만큼 성장 부흥케 하심을 감사드립니다. 오직 저희들은 주님의 크신 능력과 섭리에 감사할 뿐입니다.

진리의 본체가 되시며 길이요 생명이신 주님! 저희 교회는 해야 할 일이 너무나 많습니다. 먼저 구원의 방주로서의 사명을 성실하게 감당케 하여 주옵소서.

길을 잃고 이리 저리 헤매는 심령들에게 길을 인도하는 등대가 되어 저 천성을 향하여 힘차게 갈 수 있게 해 주옵소서.

또한 이곳이 도피성이 되게 해 주옵소서. 죄에 쫓기는 심령들이 이곳에 들어와 죄 사함을 받을 수 있게 해 주옵소서. 또한 찬송 소리가 울려 퍼지고 기도의 불이 꺼지지 않으며 전도의 열기가 식지 않는 제단이 되게 복을 내려 주옵소서. 말씀과 성령이 충만한 제단이 되어서 양적 질적으로 더욱 부흥 발전하게 하옵시고, 하나님께 영광 돌리며 온 성도들의 가슴속에 기쁨이 흘러 넘치게 하여 주시옵소서.

하나님 아버지!

주님께서 사랑하시고 귀히 쓰시는 저희 교회 목사님께 복을 더하여 주옵소서. 주님께서 목사님을 능력의 장중에 붙들어 주시옵소서. 솔로몬에게 주신 지혜와 명철을 허락하셔서 목사님의 입술을 통하여 흘러나오는 지혜와 능력의 말씀으로 말미암아 완악한 심령도 엎드러지는 놀라운 역사가 일어나게 하시옵소서.

이 창립 기념 예배를 통하여 많은 복을 내려주시옵소서. 미처 간구하지 못한 것까지도 주님께서 아셔서 이루어 주실 줄 믿사옵고 이 예배의 시종을 의탁 드리오며 교회의 주인이시오 머리가 되시는 예수님의 이름으로 기도합니다. 아멘.

87년 전에 이 땅에 권용욱 권사님을 보내주시고 슬하에 2남 3녀를 두시며 다복한 가정을 이루신 권사님이 하나님의 부르심을 받아 오늘 천국 환송예배를 드리고자 합니다. 사랑의 하나님 아버지! 고인이 되신 권용욱 권사님의 영혼을 받아주시고 천국 시민으로 영원한 안식을 누리게 하옵소서. 사람은 누구나 한번 왔다가 가는 것이 정해진 길임을 압니다. 이제 하늘나라 본향으로 하나님이 부르셨사오니 주님의 은총 가운데 영생의 축복이 있게 하시옵소서. 33년 전, 원주시 일산동 다락방에서 시작된 사랑교회에서 처음 예배를 드리며 온 자녀들과 같이 하나님을 영접하게 하신 은혜를 참으로 감사드립니다. 부군께서 하나님의 부르심을 받아 교회 장으로서 선사 내 안장을 하신 후 30년 만에 권사님이 하나님의 부르심을 받으셨습니다.

하나님 아버지! 1989년 개척한 동부교회에서 끝까지 믿음의 경주를 하게 하시고 우리 교회 명예 권사님으로 임직을 받고 온 자녀들과 함께 헌신과 충성을 다하게 하심을 감사드립니다. 이제 육신의 어머님은 흙으로 돌아가고, 그 영혼은 하늘나라 천국백성으로 다시는 아픔과 고통과 슬픔이 없는 아름다운 곳으로 입성하시는 권용욱 권사님을 환송하고자 합니다. 어머님을 보내시고 애통해 하는 유가족들의 눈물을 하나님의 말씀으로 닦아주시고 믿음의 유산을 잘 받들어 하나님의 영광을 위해 최선을 다하며 충성스러운 일꾼들이 다 되게 하옵소서.

좋으신 하나님 아버지! 섬기는 교회에서 하나님이 쓰시는 청지기들이 다 되게 하시고 온 가족이 하나님만 섬기게 하시옵소서. 감사하신 하나님 아버지! 이 시간 목사님께서 환송의 말씀을 하실 때 고인에 대한 명복의 말씀이 되게 하시고 유가족과 친지 그리고 조문객들에게 위로의 말씀과 부활의 소망의 말씀으로 인도하여 주시옵소서. 하늘 문이 열리게 하시고 은혜의 구원의 말씀의 영생수가 모든 심령 속에 임하게 하시옵소서. 우리 구주 예수님의 이름으로 기도합니다. 아멘.

우주만물을 창조하시고 다스리시며 인간의 생사화복을 주관하시는 하나님 아버지!

OOO 성도님이 오전까지도 아파트 노인정에서 농담도 하시고 즐겁게 지내시다가 집으로 돌아가신 후 얼마 있다가 하나님의 부르심을 받으셨습니다. 참으로 인생의 무상함을 깨닫게 됩니다. '헛되고 헛되니 모든 것이 헛되도다'라고 한 지혜의 왕 솔로몬의 고백이 절실히 느껴집니다.

사랑의 하나님 아버지!

이 땅에서 잠시 살다가 부르시면 가야 하는 것이 우리네 인생임을 고백합니다. 이 자리에 OOO 성도님의 천국에 입성하심을 환송하는 예배를 드립니다.

아버지 하나님!

OOO 성도님의 영혼을 받아 주시옵소서. OOO 성도님이 평소에 하나님을 잘 믿고 섬기시다가 부르심을 받았사오니 큰 복임을 믿습니다. 믿음의 유산을 받은 유가족들도 천국에서 다시 만날 것을 기약하며 위로 받게 하여 주시옵소서. 이 세상에서 OOO 성도님은 너무나도 많은 사람들에게 사랑을 주셨을 뿐만 아니라 선교사업에도 앞장서서 주님의 일을 하였습니다. OOO 성도님의 흔적이 너무나 크기에 떠나신 후에 허전함이 더 크게 밀려옵니다. 저희들이 사는 날 동안 그분의 유지를 잘 받들어 서로 사랑하고 존중하며 예수님의 사랑을 전하는 작은 예수로 살아가게 하시옵소서. 이 시간 목사님 말씀을 선포하실 때 유가족들과 조문객들이 위로받게 하시고 천국을 소망하고 확신하는 시간이 되게 하여 주시옵소서. 우리 구주 예수님의 이름으로 기도합니다. 아멘.

전능하신 하나님 아버지!

강원노회의 기둥이요 성실함으로 교회를 잘 섬기시는 OOO 장로님 큰
아들이 하나님의 부르심을 받았습니다. 자비의 하나님 아버지! 인생은
풀잎 위에 맺힌 이슬처럼, 새벽에 잠깐 영롱한 빛을 내다가 여명이 밝
아지고 하늘에 태양이 떠오르면 사라져버리는 존재임을 고백합니다.

사랑의 하나님 아버지! 이 땅에 태어날 때에는 순서대로 오지만 하
늘의 부르심을 받는 데는 순서가 없는 것을 다시금 기억하고 하나님이
부르실 때 후회함 없이 가는 삶이 되게 인도하여 주시기를 간구합니
다. 인간적인 생각으로는 한창 교회에서는 일꾼이요 사회에서도 꼭 있
어야 할 성실한 사람이 갑자기 부름 받아 안타깝기 그지없습니다. 하
나님 아버지! 그 영혼을 받아 주시옵소서. 한 치 앞을 모르는 우리의
인생길에 하나님께서 함께하여 주시옵소서. 아들을 먼저 떠나 보낸 장
로님 내외분의 눈물을 닦아주시고 위로하여 주옵소서.

존귀하신 하나님 아버지! 그 영혼을 받아 주시옵소서. 다시는 죽음
이 없고 고통이 없는 영원한 하늘나라의 백성으로 입성하게 하시옵소
서. 사랑과 은혜가 풍성하신 하나님 아버지! 아들을 보내고 슬퍼하는
유족들과 문상 오신 오든 조문객들에게 하나님이 주신 평안과 부활의
소망이 있게 하시옵소서. 예수님의 이름으로 기도하옵나이다. 아멘.

참 좋으신 하나님 아버지!

이 시간 엄숙한 마음으로 OOO 집사님의 영결식 예배를 드리고자 합니다.

OOO 집사님을 이 땅에 보내 주셔서 한 가정의 가장으로서 성실한 남편이요 아버지로 살게 하심을 감사드립니다.

엊그제만 하여도 병상에서 다시 일어나실 줄 알았지만 하나님의 부르심을 받은 OOO 집사님을 추억하며 인생의 무상함을 다시 한 번 느낍니다. 급행열차처럼 지나가는 인생, 풀잎 위에 맺힌 이슬 같은 인생, 안개와 구름 같이 꿈꾸듯이 잠깐 지나가는 나그네 인생길을 가는 연약한 우리의 모습을 돌아봅니다.

하나님 아버지!

OOO 집사님은 원주 동부교회에 등록하여 귀촌하기 전 5년 동안 교회를 열심히 출석하며 예배를 드렸습니다. 그리고 귀농하여 충북 영춘면 의풍교회에서 매주 예배를 드리시며 서리집사로 신앙생활을 하시다가 합병증으로 하나님의 부르심을 받고 천국의 백성으로 입성하였습니다.

사랑의 하나님 아버지!

그 영혼을 받아 주시옵소서. 그리하여 아픔과 고통이 없는 천국에서 영원한 안식을 누리게 하시옵소서. 아버지를 떠나 보내고 슬퍼하는 자녀들의 그 마음을 위로하시고 눈물을 닦아 주시며 온 가족이 예수님을 믿는 은혜를 허락하여 주시옵소서. 집사님의 믿음의 유산을 물려 받아 후손들이 영원한 천국 백성으로 그 이름이 생명책에 기록되게 하시고, 이 땅 위에서도 천국의 시민권을 가진 자로서 믿음을 실천하며 살아가게 하옵소서. 이 시간 목사님께서 말씀을 전하실 때 유가족과 일가친지, 조문객들에게 영생의 말씀이 선포되어지게 하시고 위로 받는 시간이 되게 하시고 부활의 주님의 음성으로 듣는 시간이 되게 하옵소서. 예수님의 이름으로 기도하옵나이다. 아멘.

　하나님 아버지! 이 시간 고 000 집사님 일 주년 추도 예배를 드리게 하시니 감사합니다. 인간의 연수가 70이요 강건하더라도 80이며 그 수가 슬픔뿐이요 신속히 날아간다고 시편기자는 말했습니다. 잠시 왔다가 가는 나그네 인생, 안개와 같은 인생을 사랑해 주시고 000 집사님을 살아 생전 사랑하시고 인도해 주신 은혜를 감사합니다.

　모든 육체는 풀과 같고 그 모든 영광은 풀의 꽃과 같으며 풀은 마르고 꽃은 시들지만 하나님의 말씀은 세세 무궁하다고 하였습니다. 고인이신 000 안수 집사님은 교회의 중직자로서 교회학교 아동부 부장 교사, 성가대 총무로 섬기셨고 남 선교회 임원으로 모범을 보이시고 차량 봉사로서 새벽마다 헌신하였으며 가시는 그날 새벽까지 차량 봉사로 하나님께 영광 돌리게 하심을 감사합니다. 000 집사님은 하나님 마음에 합한 자였으며 하나님 제일주의 신앙으로 충성을 다하였습니다. 참으로 교회의 일꾼이셨고 모든 일에 솔선수범하신 믿음의 사람이었습니다. 교회학교 부장으로서 교사들 대접과 교우간의 통 큰 섬김과 선교의 사명을 감당하기 위하여 최선을 다하시다가 부름 받게 하심을 감사합니다.

　존귀하신 하나님 아버지! 이제 고인이 되신 집사님은 하나님이 예비하신 저 천국에서 영원한 안식을 누리고 계신 줄 믿습니다. 우리 구주 예수님의 이름으로 기도하옵나이다. 아멘.

만복의 근원이 되시고 인간의 생사화복을 주관하시는 하나님 아버지! 이 시간 고인이 되신 OOO 안수 집사님을 위한 추도 예배를 드리고자 합니다. 고인이 되신 OOO 집사님은 OO교회에서 아동부 부장 교사로서 어린이 전도와 영혼 구원을 위해 힘쓰셨고 교회학교 사역을 위해 최선을 다하신 참 그리스도인이었습니다. OO교회 시온성가대 총무로 섬겼고 낭랑한 목소리로 하나님께 찬양으로써 영광을 돌렸던 참으로 귀한 하나님의 종이었습니다.

사랑의 하나님 아버지! 새벽에 차량운행을 하면서 아침 식사를 대접한다고 하였더니 시간이 많지 않아서 다음 기회에 하자고 하셨던 집사님이 오후 5시에 쓰러지셔서 집 앞에서 의식불명 상태로 발견되어 119에 몸을 싣고 기독병원에 입원하였지만 과다 뇌출혈로 깨어나지 못하고 평소에 말씀하신 대로 장기기증으로 많은 사람들에게 생명을 선물하시고 하나님에 품에 안기셨습니다. OOO 집사님은 살아생전 비록 가난하였지만 주의 종을 잘 대접하였고 항상 주의 일에 앞장을 서는 신앙의 모범을 보여 주셨습니다. OOO 집사님의 충성과 헌신은 천국에서 해같이 빛날 것임을 믿습니다. 주님께서 재림하시는 날 공중에서 나팔소리가 들릴 때 기쁜 마음으로 다시 만날 것을 소망하며 우리 주 예수님의 이름으로 기도하옵나이다. 아멘.

인애하신 하나님 아버지! 지금 이 시간 000 집사님의 입관 예배를 드리고자 합니다. 65년 전 이 땅에 집사님을 보내주시고 교회 항존직 안수집사로서 최선을 다하여 교회를 섬기게 하셔서 감사합니다. 사랑의 하나님 아버지! 인생의 연수가 70이요 강건하더라도 80이라고 했습니다. 그 수가 슬픔뿐이요 신속히 날아간다고 하였습니다. 11월 27일 목요일 새벽기도회를 위해 차량을 인도하시고 그날 오후에 쓰러지셨다는 참으로 청천벽력 같은 비보를 듣고 인생의 무상함을 다시 한번 깨닫게 됩니다. 아버지 하나님! 집사님의 영혼을 받아주시옵소서. 다시는 눈물도 없고 고통도 없고 고독도 없고 괴로움도 없는 저 천국에서 영생의 안식을 누리게 하심을 믿습니다. 슬픔에 잠긴 유가족과 친지 모두 다 하나님이 주신 말씀으로 위로받게 하시고 000 집사님이 남기신 믿음의 유산을 잘 받들어 신앙과 인생의 승리자가 되게 하여 주시옵소서. 000 집사님이 떠난 빈자리로 인해 모든 성도들의 가슴에 허전함으로 밀려옵니다. 집사님 안녕히 가십시오. 잠시 후에 천국에서 다시 만납시다. 이 시간 목사님께서 말씀을 대언하실 때 온 유가족들과 일가친지, 조문객들이 위로 받게 하시고 천국 문을 활짝 여시고 고 000 집사님의 영혼을 받아 주심을 감사하며.

우리 구주 예수님의 이름으로 기도하옵나이다. 아멘.

만복의 근원이 되시며 인간의 생사화복을 주관하시는 하나님 아버지! 78년 전에 이 땅에 000 장로님을 보내주시고 하나님 앞에 믿음으로 사시다가 하나님의 부르심을 받아 이 시간 환송예배로 드립니다. 장로님의 영혼을 받아 주시옵소서. 일찍이 시편기자는 인간의 연수는 70이요 강건하더라도 80이며 그 연수의 자랑은 수고와 슬픔뿐이요 가니 우리가 날아간다고 하였습니다. 다시는 아픔이 없고 슬픔이 없고 오직 하나님만 찬양하는 천국에서 영원한 안식을 누리게 하심을 믿습니다.

사랑의 하나님 아버지! 먼저 남편을 보내고 슬픔에 찬 김00 권사님을 위로하여 주시고 건강을 지켜주소서. 날마다 하나님의 은혜 가운데 거하게 하시옵소서. 또 아버지를 떠나보내고 마음 아파 눈물 흘리는 자녀들에게 하나님의 말씀으로 위로하여 주시옵소서. 아버지의 신앙을 본받게 하시고 모두가 영생의 길을 갈 수 있도록 믿음을 굳게 하여 주옵소서.

"나는 부활이요 생명이니 나를 믿는 자는 죽어도 살겠고 살아서 믿는 자는 영원히 죽지 아니하니라"고 하신 주님의 말씀을 붙들고 섬기는 교회에서 모두 큰 일꾼들로 충성케 하옵소서. 이 시간 목사님 말씀 전하실 때 자녀들에게 위로와 소망의 말씀이 되게 하옵소서.

OOO 장로님은 살아생전 교회를 사랑하셨고 성품이 자애하고 온유하셨으며 교회 성도님들에게 귀감이 되는 삶을 사셨습니다. 존귀하신 하나님 아버지! 이제 모든 것을 내려놓고 천국을 유업으로 받는 장로님을 이 땅에서 환송합니다. 모든 장례 절차와 좋은 일기를 허락하여 주시고 하관예배까지 안전하게 지켜주시옵소서. 참석하신 모든 분들이 슬픔보다는 다시 만날 날을 기약하며 기쁘게 환송할 수 있도록 인도하여 주옵소서. 길이요 진리요 생명이 되신 우리 구주 예수님의 이름으로 기도하옵나이다. 아멘.

하나님 아버지!

하나님께서 사랑하시는 아들 OOO 성도님이 엊그저께만 하더라도 삶의 현장에서 성실하게 살아가다가 하룻밤 사이에 유명을 달리 하시니 참으로 인생의 무상함을 느낍니다.

생명의 주인이신 하나님 아버지!

OOO 성도는 이 땅에서 성실하게 열심히 인생을 살아왔습니다. 이제 남은 유족들이 아버지의 못다 한 삶의 비전을 알고 깨달아 하나님의 백성이 되어 선한 주의 일꾼이 되게 하옵소서. 육신은 흙에서 왔다가 흙으로 돌아가는 것이 하나님의 정한 것입니다. 영혼은 하나님의 나라 천국에서 하나님을 찬양하며 영원히 안식을 누리게 하시옵소서. 다시는 눈물이 없고 아픔과 고통이 없으며 슬픔과 괴로움이 없는 곳에서 영원히 안식할 수 있도록 인도하여 주시오니 무한 감사와 영광을 올려 드립니다.

이 시간 목사님의 고인에 대한 추모의 말씀과 하나님이 주신 생명과 진리의 말씀을 선포하실 때 하나님이 주신 말씀으로 아멘 하게 하시고 남은 자들은 고인의 유지를 잘 받들어 섬기시는 교회에 충성을 다하게 하옵소서. 교회와 이 사회에 꼭 필요한 사람으로서 봉사하며 살아가게 하옵소서. 이제 고인을 환송합니다. 이 땅에서는 다시는 볼 수 없고 다시는 그 음성을 들을 수 없지만 "나는 부활이요 생명이니 나를 믿는 자는 죽어도 살겠고 살아서 믿는 자는 영원히 죽지 아니하리라" 하신 주님의 말씀을 새기고 천국에 소망을 두고 살아가게 하옵소서.

주님께서 유가족들을 위로하여 주실 줄로 믿사옵고 영원한 생명을 주신 우리 구주 예수님의 이름으로 기도하옵나이다. 아멘.

사랑의 하나님 아버지! 이 시간 OOO 집사님의 하관예배를 하나님 앞에 드립니다. 한평생 하나님을 섬기며 살아오신 OOO 집사님의 신앙은 우리 모두의 귀감이 되었음을 고백합니다. 기도의 자리에 나오셔서 본이 되어주셨고, 교회의 재직의 일환으로서 남을 배려하며 자기 주장을 내세우지 아니하시고 경청하며 화목을 도모하며 참 신앙인의 길을 걸어오셨습니다. 교회 교사로서 성전을 세우기 위하여 헌신하는 모습으로 후배들에게 본을 보여 주셨습니다. 작은 물줄기가 장애물인 돌과 바위와 나무뿌리를 돌고 돌아 젖줄이 되어 강과 바다로 흘러가듯이 OOO 집사님의 바다처럼 깊고 넓은 마음으로 모든 것을 덮어주던 온유한 모습을 다시는 볼 수가 없어서 안타까운 마음뿐입니다.

그러나 생과 사는 하나님이 만드신 창조의 질서임을 믿습니다. 한 세대는 오고 한 세대는 가는 것이 정한 이치이며 이 땅에는 영원한 것이 없습니다. 나그네길 잠시 이 땅에 살다가 하나님이 부르시면 누구든지 가야 하는 것이 인생임을 깨닫습니다. 믿음으로 잘 준비하며 이 세상을 살다가 천국에서 만날 것을 기약하면서 하관의 작별을 고하고자 합니다.

비록 육체는 흙으로 돌아가지만 영혼은 천국 백성으로 주님의 품안에서 영원히 안식하게 하시오니 감사합니다. 이 시간 목사님께서 말씀을 대언하실 때 말씀을 듣는 저희들은 믿음의 경주를 잘 감당하여 천국에서 다시 만날 때를 기약하는 소망의 말씀이 되게 하옵소서.

OOO 집사님을 떠나보내시고 슬픔과 눈물로 애통해하는 유족과 친지 그리고 교우들에게 위로의 말씀이 되게 하여 주옵소서. 천국의 소망을 가지게 하옵소서. 이 시간 장래 위원들과 치산치묘 하시는 동네의 모든 어르신들이 하나님을 영접하는 복이 있게 하시옵소서.

예수님의 이름으로 기도하옵나이다. 아멘.

아버지 하나님!

새 생명을 주신 하나님께 감사를 드립니다. 이 지구상에는 많은 나라와 민족이 있습니다. 그중 동방의 고요한 아침의 나라 한민족에게 일찍이 선교사님들을 통하여 순교의 피를 이 땅에 흘려주시고 복음을 듣게 하신 은혜를 감사드립니다.

이 시간 이 나라와 하나님의 선교 사업에 앞장서시고 지역 사회를 섬기셨던 000 장로님이 하나님의 부르심을 받아 입관예배를 드리고자 합니다. 사람은 누구나 때가 되면 본향으로 가야 하는 것이 정해진 이치임을 믿습니다.

이제 입관 예배를 드리면서 한평생 교회를 섬기시고 선교 사업에 몸과 마음을 바치시고 일상생활에서도 믿음의 본을 보여주셨던 000 장로님의 살아생전의 모습을 추억합니다.

부모님을 떠나보내며 입관예배를 드리는 자녀들의 마음을 위로하여 주옵소서. 다시는 이 땅에서 육신의 아버지를 볼 수 없는 그리움과 살아계실 때 좀 더 잘해드리지 못한 죄책감이 밀려와 이들의 마음을 아프게 할 줄 압니다. 장로님이 돌아가신 후 그 빈자리가 너무나 크시기에 모두에게 허전한 마음 이루 말할 수가 없습니다.

사랑의 하나님 아버지!

이 시간 목사님께서 하나님의 말씀을 대언하실 때에 유가족들과 온 교우들에게 위로의 말씀이 되게 인도하여 주옵소서. 이 세상을 살아가면서 이슬 같고 나그네 같은 인생을 모두 내려놓고 예수님만 의지하게 하옵소서. 연약한 저희들은 하나님의 말씀을 붙들고 부활하신 주님의 발자취만을 따라 가게 하옵소서. 장례 절차 가운데 함께하여 주시고 부활의 신앙으로 다시 만날 그 날을 소망하며 생명이 되신 예수님의 이름으로 기도합니다. 아멘.

생명의 주관자가 되시는 하나님 아버지!

오늘 이 시간 유명을 달리하신 OOO 성도님을 본향으로 보내드리며 예배를 드리고자 합니다. 국가의 일꾼으로 부름을 받아 성실하게 공직에서 일하시다가 불의의 사고로 순직하여 안타까운 마음을 금할 길 없습니다. OOO 성도님의 영혼을 받아 주심을 믿습니다. 퇴근하는 그 시간까지 스마트 폰으로 연락이 되었고 아들과 부인은 퇴근하여 OOO 성도님이 오기만을 기다렸지만 갑자기 사고로 인하여 유명을 달리하셔서 참으로 애통하고 인생의 무상함을 깨닫게 됩니다.

공직에서 야근을 하시다가 불의의 사고를 당한 남편의 죽음을 보며 앞이 캄캄하고 눈물조차 메말라 버린 유가족들을 긍휼히 여겨 주옵소서.

하나님 아버지!

생과 사의 갈림길에서 떠나는 사람도 사랑하는 아내와 자식들에게 이별의 말 한마디 못하고 애틋한 마음도 표현도 못한 채 떠나가야 하는 것이 인생임을 생각할 때 참으로 무상함을 느낍니다.

전능하신 하나님 아버지!

OOO 성도님이 천국 백성으로 생명책에 기록되어 영생의 복을 받은 줄 믿습니다. 남은 유가족들에게 하나님의 말씀으로 위로하여 주시고 비록 지금은 앞이 캄캄하고 막연하고 슬픔에 마음을 추스릴 여유조차 없겠지만 다시 한 번 일어서게 하옵소서.

아들을 먼저 떠나보내는 부모님과 형제자매 모두 남은 생애 동안 하나님의 백성이 되게 하시고 구원을 받게 인도하여 주시옵소서. 이 시간 목사님께서 유명을 달리 하신 000 성도님에 대한 환송의 말씀과 유족들과 참석한 조문객 모든 분들에게 말씀을 대언하실 때 큰 은혜 내려주옵소서. 살아 생전 믿음으로 살다가 천국에서 영원한 안식과 영생의 기쁨을 누리게 하옵소서. 우리 구주 예수님의 이름으로 기도합니다. 아멘.

생사화복을 주관하시는 하나님 아버지!

이 시간 유명을 달리하신 산업전사자 네 분의 장례예배를 하나님 앞에 드리고자 합니다. 잠시 전만 하더라도 현장에서 구슬땀을 흘리고 일하시다가 불의의 사고를 당하여 안타깝기가 이루 말할 수 없습니다.

생명의 주관자가 되신 하나님 아버지! 이들의 영혼을 받아주시옵소서. 그리하여 천국의 시민으로서 하나님의 나라에서 영원한 안식을 누리게 하시오니 위로가 됩니다. 사랑하는 아내와 자녀들 그리고 노모님의 통한의 눈물을 닦아 주시기 원합니다.

사랑의 하나님 아버지!

일찍이 하나님을 믿음으로 섬기게 하시고 청지기로서 교회와 직장에서 참으로 그리스도인으로서 살게 하셨음을 감사드립니다.

이제 남은 자들이 하나님들을 더욱 경외하며 의지하여 하늘의 백성으로서 승리하게 하옵소서.

존귀하신 하나님 아버지!

누구나 하나님을 믿으면 구원의 선물을 값없이 주시는 하나님의 사랑을 깨닫게 하시고 천국의 백성으로 부활의 동산에서 예수님을 만나는 복을 누리게 하심을 감사합니다.

이 시간 목사님께서 말씀하실 때 영생과 구원의 말씀이 되게 하시고 이제 사랑하는 사람을 떠나보내는 유족들과 조문객들에게 하나님의 위로의 말씀이 되게 하시옵소서. 오늘 모든 장례 절차 가운데 하나님 인도하여 주시옵소서.

우리 구주 예수님의 이름으로 기도하옵나이다. 아멘.

만복의 근원이 되시고 인간의 생명을 주관하시는 하나님 아버지! 이 땅에 OOO 성도님을 보내 주셔서 86년 동안 믿음으로 살게 하셨음을 감사합니다. 이제 고인이 되신 OOO 성도님께서는 한평생 하나님을 섬기고 사도 바울처럼 믿음의 선한 싸움을 싸우시고 이 땅에 그리스도의 흔적을 남기셨습니다.

사랑의 하나님 아버지!

이 시간 엄숙하게 고인을 추모하며 영결예배를 드리고자 합니다. "모든 육체는 풀과 같고 그 모든 영광은 꽃과 같아서 풀은 마르고 꽃은 떨어지되 하나님 말씀은 영원하다"고 하신 말씀대로 사람은 누구나 한 번은 가야 하는 하나님의 정한 이치임을 깨닫습니다. 시편기자는 "인간의 연수가 70이요 강건하더라도 80이며 그 연수의 자랑은 수고와 슬픔뿐이요 신속히 날아간다고 하였습니다.

지혜의 왕 솔로몬은 "헛되고 헛되니 모든 것이 헛되도다 해 아래에서는 새 것이 없다"고 하였습니다. 잠시 잠깐인 인생을 헛되게 살지 않으시고 하나님의 교회를 위해 충성하시다가 소천하신 OOO 성도님의 믿음의 유산을 유가족과 온 교우들이 본받아 살게 하여 주시기를 간구합니다.

이 시간 목사님께서 말씀을 전하실 때 유족들이 위로 받게 하여 주시고 부활의 첫 열매가 되신 예수님의 말씀을 따라 믿음으로 살다가 영원한 천국에 입성하는 복을 받게 하옵소서.

유족들은 OOO 성도님의 신앙의 유산을 물려받아서 인생을 살아갈 때 예수님의 십자가와 부활의 증인으로 살도록 인도하여 주시기를 간구합니다. 하나님의 나라가 이루어지기를 고대하며 충성을 다하게 하시옵소서.

우리 구주 예수님의 이름으로 기도하옵나이다. 아멘.

사랑과 은혜가 풍성하신 하나님 아버지!

은혜를 감사합니다. 오늘 우리나라 60만 수험생들이 수능을 치르는 날입니다.

대학에 진학하기 위하여 최선을 다하는 이 나라 60만 수험생과 재수생들의 건강을 지켜 주시고 그동안 갈고 닦은 노력이 결실을 맺도록 지혜와 명철을 허락하여 주소서.

시험을 치르는 동안 집중력을 허락하여 주옵소서. 그동안 밤잠 못자고 수험생들을 뒷바라지하기 위해 애쓴 부모님들에게 건강을 주시고 자녀들을 위한 그들의 기도가 상달되게 인도하옵소서. 비록 시험의 결과가 만족하지 못할지라도 좌절하지 않게 하시고 새롭게 전진할 수 있게 힘과 용기를 허락하시옵소서. 성적과 대학입학이 인생의 전부가 아니요 최선을 다한 후 결과를 수용할 수 있는 겸허한 자세를 갖도록 도와주시기를 간구합니다. 무엇보다도 자기 계발을 통해서 적성에 맞는 진로를 택할 수 있는 안목을 열어주시기를 간구합니다.

사랑의 하나님 아버지!

이 시간 목사님께서 말씀을 전하실 때 하늘의 문을 여시고 듣는 심령마다 평강으로 넘치게 하옵소서.

목사님 내외분을 강건하게 붙들어 주시고 온 교우들의 심령에 강리

림하여 성령 충만하게 하시옵소서.

하나님 아버지!

이 시간 찬양대를 세워 주심을 감사합니다. 하나님 앞에 찬양을 드릴 때 하나님께 영광이 되게 하시고 온 교우들에게는 감사와 감격이 있게 하옵소서. 각 심령마다 하나님이 주신 은혜로 넘치게 하옵소서. 한 주간도 교회를 섬기시는 모든 청지기들 위해 하나님이 주신 은혜와 평안이 충만하게 하시고 특별히 수험생을 둔 가정과 자녀들에게 위로와 평안의 복으로 채워주옵소서.

우리 구주 예수님의 이름으로 기도하옵나이다. 아멘.

좋으신 하나님 아버지 은혜를 감사합니다.

이 시간 000 집사님 가정에서 춘계 대심방 예배를 드리게 하심을 감사합니다. 집사님 내외분에게 1남 2녀를 하나님께서 선물로 주심을 감사드립니다. 자녀들이 건강하게 자라게 하시고 온 가족이 하나님을 섬기는 믿음의 가정이 되게 하심을 감사합니다.

사랑의 하나님 아버지!

집사님이 평소에 바쁘시지만 하나님의 성전에서 이름 없이 빛도 없이 말없이 충성을 다하시는 모습이 너무나 교회에 귀감이 되고 있습니다. 이제 두 분께서 더욱더 성실히 주님의 일꾼으로서 충성을 다하는 종이 되게 하옵소서. 하시는 사업장에도 기름을 부어주셔서 물질에 목마름이 없게 하시고 범사에 감사가 넘치게 하옵소서. 선물로 주신 자녀들에게 하나님이 주신 지혜와 총명 그리고 재능이 넘치기를 기도합니다. 이 땅 가운데 하나님의 자녀로서 믿음의 거장들이 되게 하시옵소서. 하나님의 부르심을 받은 복된 자녀가 다 되게 하시옵소서.

아브라함의 하나님, 이삭의 하나님, 야곱의 하나님이 000 집사님의 하나님이 되어주심을 감사합니다. 이 시간 목사님께서 이 가정을 위해 말씀을 주실 때 하나님의 음성으로 듣게 하시고 성령님께서 이 가정을 인도하여 주시옵소서. 사시는 동안 영육 간에 강건함을 주시고 사철의 봄바람이 불어오는 믿음의 가정이 되게 하여 주시옵소서. 날마다 그리스도 은혜가 넘치게 하옵소서.

　예수님의 이름으로 기도하옵나이다. 아멘.

참 좋으신 하나님 아버지 은혜를 감사합니다. 오늘은 우리 교회학교 졸업예배를 드립니다. 자라나는 꿈나무들에게 날마다 하나님의 은혜가 넘치기를 간구하고 기도합니다. 먼저 이들이 하나님을 경외하게 하시고 우선순위를 하나님께 먼저 드리게 하시옵소서. 이들에게 지혜와 명철을 허락하여 주소서. 재능과 자기주도형 계발을 통해서 하나님께서 쓰시는 믿음의 사람들이 되게 하시옵소서. 주님의 영광을 위해서 살게 하시고 그리스도의 흔적을 남길 수 있는 소금과 빛의 자녀들이 다 되게 하시옵소서.

유치부 임다빈, 지한구 초등학교 백성민, 이가영, 정우준 아동부 조하민, 감나리, 이아영 중학교 안성희, 원현지, 조하영, 지승희 고등부 김고은, 원홍민, 하다슬 대학부 노재한, 노현지. 이상 17명이 졸업을 합니다. 졸업은 끝이 아니라 새로운 시작이요 도전이며 인생 항로에 새로운 목표를 향해 꿈과 희망에 비전에 경주입니다. 그 동안 이들을 키우시고 가르치셨던 부모님과 교사들 위에 하나님의 은혜가 넘치시기를 간절히 기도합니다. 이들이 좌절할 때 용기를 주시고 실패할 때 기도와 소망과 칭찬과 격려로 다시 일어서게 하시며 하나님의 말씀으로 승리할 수 있도록 인도하여 주시옵소서.

우리 구주 예수님의 이름으로 기도하옵나이다. 아멘.

70. 첫돌예배 기도 1

좋으신 하나님 아버지 은혜를 감사합니다. 오늘 하나님의 아들 000 집사님의 아들 000의 첫돌 예배를 드릴 수 있게 하심을 감사합니다. 하나님께서 자식은 태에 기업이라고 하셨는데 은혜를 주셔서 오늘 000의 첫돌 감사 예배를 드립니다. 주님께서 어린이들이 나에게 오는 것을 금하지 말라고 하셨습니다. 너무나도 아이들을 사랑하시고 천국의 비유까지 말씀하셨습니다. 어린아이 같은 마음이 아니면 천국에 들어가기 어렵다고 하였습니다. 아이들처럼 순전하고 티 없고 맑은 영혼이 웃는 그 모습은 꽃 중의 꽃이요 보석 중에서도 가장 고귀한 보석입니다. 사랑의 하나님 아버지! 000의 첫돌을 맞아 건강하고 지혜롭게 성장하게 하시고 이 민족을 위한 큰 일꾼이 되게 하시옵소서. 강건하게 하시고 지혜와 명철을 주옵소서. 부모님께 효를 다하고 가정과 사회에서 꼭 필요로 하는 그릇이 되게 하시옵소서. 그리하여 꽃같이 아름답고 해같이 빛나며 하나님을 기쁘게 하시는 아들이 되게 하여 주시기를 간구합니다.

이 시간 말씀을 전하실 목사님께 영력을 더하여 주시옵소서. 000가 성장해 가면서 하나님 앞과 사람 앞에서 사랑받는 자가 되도록 인도하여 주소서. 000을 낳으시고 기르신 부모님과 온 가족들과 일가친지 모두에게 하나님이 주신 평강이 차고 넘치게 하여 주옵소서. 000을 사랑하시는 예수님의 이름으로 기도합니다. 아멘.

인간의 흥망성쇠를 주관하시는 하나님 아버지 감사합니다. 이 시간 하나님의 종 000 집사가 식당을 개업할 수 있게 하시니 감사합니다.

시작은 미약하나 나중은 심히 창대하게 하시옵소서. 시작은 사람이 하오나 하나님이 도와 주셔야 번창하는 것을 믿습니다. 하나님이 주관하시고 인도하여 주시옵소서.

맛있는 음식으로 소문난 식당이 되게 하시고 단골손님들이 확보되고 나날이 성장할 수 있도록 도와주옵소서.

"내가 반드시 너를 복주고 복을 주며 번성케 하리라" 하신 하나님의 복이 넘치도록 채워 주시옵소서. 사업을 할 때 물질적으로 목마르지 아니하게 하시고 막힌 것이 있으면 뚫어지는 역사가 있게 하시옵소서. 그리하여 나의 하나님 아버지 그 영광 가운데 모든 필요가 풍성하게 채워지게 도와주시옵소서.

사랑의 하나님 아버지!

식당일을 하면서 아침부터 저녁 늦게까지 일할 수밖에 없는 현실로 육체적인 피곤이 쌓일지라도 특별한 건강을 허락하셔서 아프지 않게 하시고 항상 기뻐하고 일하면서 기도하게 하시고 범사에 감사함이 넘치게 역사하여 주옵소서. 하나님께서 이 식당에 주인이 되어 주시고 바쁜 삶으로 예배가 무너지지 않게 인도하여 주옵소서. 이 음식점이 창대하고 번성해져서 교회 사역에도 큰 위력을 발휘하는 기업체가 되게 하시옵소서.

감사하신 하나님 아버지!

이 시간 목사님 께서 말씀하실 때 하나님의 음성으로 들려지게 하시고 오늘 개업을 하시는 OOO 집사님 내외분의 가정에 영성의 복과 물질의 복을 내려주시기를 원하옵나이다.

늘 풍부하게 채워주시는 예수님 이름으로 기도하옵나이다. 아멘.

에덴의 동산에서 혼인의 예법을 세우신 하나님 아버지 은혜를 감사합니다. 오늘 주님이 좋은 날을 주셔서 OOO 군과 OOO 양의 결혼식을 예비하게 하시고 거행할 수 있게 하심을 감사합니다. OOO 군을 이 땅에 보내주시고 하나님을 섬기시는 믿음의 가정에서 자라게 하신 후, 하나님 앞과 일가친척, 내빈이 자리한 가운데 백년가약 혼인예식을 갖게 하심을 감사합니다.

아담을 흙으로 빚으시고 돕는 배필이 없이 독처하는 것을 좋지 않게 보신 하나님께서 아담이 잠들 때 갈비뼈를 취하여 여자를 만드셨습니다. 아담은 하와를 보고 내 여자라 칭하며 내 뼈 중에 뼈요 살 중의 살이라고 고백하였습니다.

이제 오늘 혼인예식을 하는 신랑 OOO 군과 신부 OOO 양은 하나님을 섬기면서 사철의 봄바람이 불어오는 에덴동산과 같은 가정을 이루게 하시옵소서.

때로는 인생의 모진 강풍이 불고 고통과 괴로움이 앞을 캄캄하게 막을지라도 참고 인내하며 서로가 존중하고 위로하며 하나님을 섬기는 은혜로운 가정을 세워 나가게 하여 주옵소서. 영생의 복과 물질의 복과 건강의 복을 받아 자자손손 하나님을 섬기는 믿음의 가정으로 축복하여 주옵소서.

이 시간 목사님께서 주례사를 하실 때 신랑 신부에게 꼭 필요한 권면의 말씀이 되게 하시고 이 말씀을 하나님의 음성으로 듣게 하시옵소서. 변치 않는 사랑으로 백년해로 하여 사회에서나 교회에서나 꼭 필요한 하나님의 종이 되게 하시옵소서. 오늘 신랑 신부를 낳으시고 양육하시고 교육시키면서 뒷바라지한 양가 부모님들 위에 하나님이 주신 은혜의 복을 내려주옵소서. 오늘 새로이 출발하는 신랑 신부의 새 가정에 하나님의 은혜의 강수가 넘치게 하시고 날마다 푸른 초장으로 잔잔한 물가로 인도하여 주시옵소서.

우리 구주 예수님의 이름으로 축복하며 기도합니다. 아멘.

우주만물을 창조하시고 에덴의 동산에서 가정을 만드셨던 좋으신 하나님 아버지!

오늘은 하나님의 은혜로 신랑 OOO 군과 신부 OOO 양의 백년가약을 맺는 결혼식을 허락하시니 감사합니다. 하나님의 뜻이 계셔서 이들을 낳으시고 기르시고 교육시키고 장성한 후에 한 가정을 이룰 수 있도록 역사하신 우리 하나님께 감사를 드립니다. 신랑 OOO 군은 교회를 열심히 출석하고 청년회와 교사, 성가대원으로서 하나님의 교회를 섬기고 신앙생활을 잘하여 교회에서나 사회에서나 모범되는 청년입니다.

신부 OOO 양은 어머니의 신앙을 물려받아 어질고 현숙한 여인이요 모든 사람들에게 귀감이 되는 자매입니다. 이제 이 두 분은 하나님의 혼인 예법을 따라 한 가정을 이루고자 혼인 서약을 하고자 합니다. 내 **뼈** 중의 **뼈**요 살 중의 살이요 이제 한 몸을 이루며 번성하며 하나님을 섬기시는 귀한 가정이 되게 하여 주시옵소서.

날마다 하나님께서 이 가정에 호주가 되어 주시고 신앙 안에서 날마다 교회를 섬기며 지역사회와 국가와 민족을 섬길 수 있는 가정이 되게 하여 주시옵소서. 서로가 양보하게 하시고 때로는 의견이 충돌할지라도 내가 먼저 사과하고 얼굴 붉히는 일이 없게 하시고 언쟁이 높아지지 않게 하시며 서로 존중하게 하시고 아플 때나 괴로울 때나 서로가 위로하는 그리스도의 향기를 풍기는 가정이 되게 하여 주시옵소서.
이 시간 목사님 주례사를 말씀할 때 성령님의 말씀 속에서 한 마음을
품고 인내하게 하시며 심장 속에 사랑이 날마다 충만케 하시옵소서.
예수님의 이름으로 기도하옵나이다.